AF460664

COURS

D'ART ET D'HISTOIRE

MILITAIRES,

PAR J. VIAL,
CAPITAINE D'ÉTAT-MAJOR,
Professeur d'Art et d'Histoire militaires à l'École impériale d'application d'état-major.

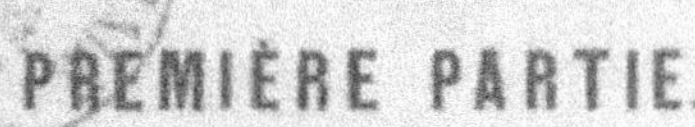

PREMIÈRE PARTIE.

LIVRE III.

PARIS,
LIBRAIRIE MILITAIRE,
J. DUMAINE, LIBRAIRE-ÉDITEUR DE L'EMPEREUR,
RUE ET PASSAGE DAUPHINE, 30.

1864

LIVRE III.

DES PETITES OPÉRATIONS DE LA GUERRE ET PARTICULIÈREMENT DES RECONNAISSANCES.

SEIZIÈME LEÇON.

Objet du livre III. — Des petites opérations.
Des avant-postes. — Diverses parties d'un système d'avant-postes.
Des détachements. — Règles de leur conduite.
Des convois. — Détails de leur organisation. — Attaque et défense.
Des embuscades et des surprises.
Des contributions. — Règles de leur exécution.
Des fourrages. — Fourrages au vert. — Fourrages au sec.

I.

Objet du livre III. — Le livre III a pour objet d'exposer les principes relatifs aux petites opérations de la guerre et particulièrement les principes des reconnaissances.

Les petites opérations, ou les opérations secondaires, sont celles qui s'accomplissent journellement autour des armées et qui ont pour but d'assurer leur sécurité, comme les avant-postes ; d'assurer leurs approvisionnements, comme les détachements, les convois et les contributions ; enfin de préparer les grandes opérations, comme les reconnaissances.

Les petites opérations appartiennent à l'instruction

générale d'une armée aussi bien que les détails de la tactique de chaque arme. On y exerce les troupes avant l'entrée en campagne, comme on les exerce aux détails de leur tactique particulière, c'est-à-dire aux différentes écoles et aux évolutions.

C'est pourquoi je les ai placées dans le cours de première année, qui présente, comme je l'ai déjà dit, tous les principes relatifs aux institutions militaires des États, à l'organisation des armées actives et à leur préparation pour entrer en campagne.

Peut-être est-ce là une interprétation un peu forcée du principe de la division du Cours en deux parties principales.

Mais, indépendamment des raisons exposées plus haut, j'avais encore un autre motif pour faire, des petites opérations, l'objet du livre III de la première Partie. Les élèves de l'école ont à traiter en première année un certain nombre de questions militaires qui se rattachent aux petites opérations. Je devais donc présenter dans le Cours de première année les principes généraux qui servent à en régler la conduite.

Dans la première leçon de ce livre, nous passerons rapidement en revue les opérations secondaires de la guerre, qui ont déjà été étudiées à Saint-Cyr. Dans les leçons suivantes, nous examinerons les reconnaissances qui ont une importance toute spéciale pour les officiers d'état-major.

II.

Des avant-postes. — Les avant-postes sont la conséquence des camps, cantonnements et bivouacs.

Les troupes établies de ces diverses manières s'entourent d'un réseau de gardes, de postes et de sentinelles qui forment les avant-postes.

Je suppose qu'une armée, un corps d'armée, ou un détachement, arrive sur une position qu'il veut occuper pour une nuit ou pour quelques jours.

Les généraux de brigade, ou, dans le dernier cas, le commandant du détachement, reconnaissent les abords de la position et déterminent les points sur lesquels il faut établir les grand'-gardes.

Les généraux de division peuvent ensuite visiter et rectifier ces emplacements.

Puis on désigne les troupes qui doivent former les grand'gardes. Il y a deux manières de les organiser.

Chaque grand'garde d'infanterie ou de cavalerie a une force qui varie entre 100 et 150 hommes. Elle est commandée par un capitaine.

Pour la former, on peut désigner une compagnie ou un escadron constitués, ou bien on peut prendre un certain nombre d'hommes dans chaque compagnie ou dans chaque escadron d'un même régiment.

Le premier système a l'avantage de laisser les hommes sous le commandement de leurs chefs directs. Mais, si la grand'garde est enlevée, la compagnie disparaît.

Avec le deuxième système, la perte se répartit sur tout le régiment. Mais les hommes ne sont plus sous les ordres directs de leurs officiers.

Quoi qu'il en soit, les troupes désignées pour former les avant-postes se portent en avant et vont occuper les emplacements déterminés pour les grand'gardes. Elles s'y établissent et forment ainsi une première ligne à peu près parallèle au front de la position, couvrant en même temps les flancs, et s'appuyant autant que possible à des obstacles naturels, tant sur le front que sur les ailes.

Il y a des grand'gardes d'infanterie et des grand'gardes de cavalerie.

On combine leurs emplacements de manière que les premières servent d'appuis et les autres de sentinelles avancées.

Quelquefois et accidentellement, quand la nature du pays l'exige, ou que la cavalerie est très-affaiblie, on se contente d'attacher quelques cavaliers aux grand'gardes d'infanterie.

La distance à laquelle on tient la ligne des grand'gardes du corps principal dépend de la force de ce corps et de la nature du terrain.

Cette distance ne doit être ni trop petite ni trop grande. Dans le premier cas, l'ennemi peut arriver sur vous avant que l'on ait le temps de se mettre en défense.

Dans le deuxième cas, les avant-postes peuvent être enlevés avant qu'on ait eu le temps de les secourir.

Pour une division d'infanterie, les grand'gardes seront éloignées d'environ 2,000 mètres en pays ordinaire.

Pour un corps d'armée, elles seront éloignées de 3,000 mètres.

Pour une armée, de 4, 5 ou 6 kilomètres.

Quand la distance entre le corps principal et les grand'gardes est considérable, on établit alors des postes intermédiaires que l'on appelle postes de soutien, qui sont composés d'infanterie et souvent d'artillerie.

Ces postes, qui sont facultatifs dans les armées françaises, sont réglementaires dans les armées allemandes.

L'ensemble des troupes composant les avant-postes varie du 1/6 au 1/10 du corps principal.

Dans les armées allemandes, ce chiffre est plus considérable. Il atteint quelquefois le 1/4 de l'effectif.

Les grand'gardes s'établissent d'après les règles suivantes :

Celles d'infanterie se placent à l'entrée d'un village, dans un verger, au débouché d'un pont, au point d'intersection de plusieurs routes ou chemins, autant que possible sur un point élevé d'où elles puissent voir, sans que l'ennemi puisse juger de leur force.

Celles de cavalerie se placent derrière un pli de terrain, un mur, une haie, un chemin creux, de manière à découvrir l'ennemi au moyen des sentinelles et des petits postes, sans cependant être en vue.

Les grand'gardes d'infanterie se relient les unes aux autres et forment une sorte de cordon qui enveloppe l'armée.

Les grand'gardes de cavalerie ne sont qu'un accessoire. Elles servent de postes avancés. Elles donnent le moyen de surveiller le terrain au loin. Elles ont généralement deux emplacements : un de jour en avant de la ligne des grand'gardes d'infanterie ; un de nuit en dedans de cette même ligne.

Tels sont les principes généraux relatifs aux grand'gardes.

Elles atteignent un double but.

Elles doivent avertir de l'approche de l'ennemi et en même temps l'arrêter assez longtemps pour donner au corps principal le temps de prendre les armes et de préparer la résistance.

Pour remplir ce double objet, elles doivent s'établir sur les emplacements qui leur ont été désignés, assez solidement pour pouvoir s'y défendre quelque temps. En même temps, pour ne pas être surprises elles-mêmes et pour surveiller l'ennemi, elles s'entourent de petits postes, de sentinelles et de vedettes.

Des petits postes. — Le commandant de la grand'garde une fois établi reconnaît le terrain qui l'environne et détermine les emplacements de ses petits postes.

L'ensemble des petits postes forme, à 4 ou 500 mètres en avant des grand'gardes, une nouvelle chaîne qui les couvre du côté de l'ennemi.

Les petits postes sont commandés par des sous-officiers, des caporaux, quelquefois même des officiers, quand ils sont très-importants.

L'ensemble des petits postes présente un effectif égal environ au 1/3 de celui de la grand'garde.

Sentinelles. — Chaque petit poste détache en avant de lui un certain nombre de sentinelles, se reliant les unes aux autres et formant une troisième ligne de surveillance.

Les sentinelles sont placées à 2 ou 300 mètres en moyenne de la ligne des petits postes. Elles sont en vue les unes des autres. Elles doivent découvrir l'ennemi, sans que celui-ci puisse les apercevoir. Souvent on place des sentinelles doubles, de manière à leur inspirer plus de confiance et parce que deux hommes voient mieux qu'un seul.

Vedettes. — Nous avons vu que les grand'gardes de cavalerie, pendant le jour, étaient poussées au loin, de manière à servir de postes avancés aux grand'gardes d'infanterie.

Ces grand'gardes de cavalerie détachent en avant d'elles de petits postes disposés de la même manière que ceux d'infanterie, seulement poussés plus au loin et relevés toutes les heures.

Dans ces petits postes, les hommes sont toujours prêts à monter à cheval, les chevaux sont toujours bridés.

Les petits postes de cavalerie détachent à leur tour, en avant d'eux, une ligne de vedettes disposées comme les sentinelles d'infanterie, et formant la chaîne extrême du système des avant-postes.

Pendant la nuit, comme je l'ai dit précédemment, les grand'-gardes de cavalerie rentrent généralement en dedans de la ligne des grand'gardes d'infanterie.

Cependant leurs petits postes et leurs vedettes occupent quelquefois des emplacements de nuit, plus rapprochés que ceux de jour, mais situés néanmoins au delà de la ligne occupée par l'infanterie.

Le système d'avant-postes que nous venons d'étudier est le système régulier. On y joint quelquefois des *postes à la cosaque* et *des sentinelles perdues*.

Les uns et les autres sont recommandés par le maréchal Bugeaud. Ils sont d'autant plus utiles que l'ennemi s'attend moins à les rencontrer. On en fera surtout usage pour les corps détachés.

Patrouilles et rondes.—Les patrouilles et les rondes sont destinées à compléter un système d'avant-postes.

Les patrouilles sont de petits détachements, généralement tirés des grand'gardes, commandés par un officier, un sous-officier ou un caporal, et destinés à visiter les postes, les sentinelles et vedettes d'une partie du cordon. Les patrouilles fouillent en même temps le terrain qui se trouve dans les intervalles.

Les rondes sont des tournées faites par un caporal,

un sous-officier ou un officier, le long de la chaîne des postes, des sentinelles et des vedettes.

Elles ont pour but particulier de s'assurer de leur vigilance.

Il y a de plus des reconnaissances, dont nous parlerons plus tard, qui dépassent la chaîne des avant-postes et qui s'efforcent de reconnaître la position et les mouvements de l'ennemi.

Les patrouilles, les rondes et les reconnaissances marchent lentement, avec précaution, sans bruit. Elles font des haltes fréquentes pour écouter.

III.

Des détachements.—Les détachements ont une force variable depuis 50 hommes jusqu'à une division.

Ils sont composés d'infanterie ou de cavalerie; souvent des deux armes réunies. Souvent aussi, on leur donne de l'artillerie.

Ils ont pour but d'exécuter quelque opération secondaire, offensive ou défensive, en avant, sur les flancs, ou sur les derrières de l'armée; par exemple, de lever des contributions, d'occuper un point important, de détruire un magasin de l'ennemi, etc.

Autant que possible, les détachements sont formés de fractions constituées, bataillons ou compagnies, escadrons ou pelotons.

Avant le départ, le chef du détachement doit inspecter avec soin l'armement, l'habillement, le petit équipement, la chaussure, la ferrure et surtout les vivres et les cartouches.

Quant à l'ordre de marche loin de l'ennemi, on ne consulte que la commodité des hommes et leur bien-être.

Près de l'ennemi, on prend des précautions particulières; on entoure le gros du détachement d'un cordon mobile d'avant-postes, comprenant une avant-garde, une arrière-garde et des flanqueurs.

L'ensemble des troupes employées de cette manière est au plus du tiers de l'effectif.

La distance à laquelle ces troupes se tiennent du corps principal varie suivant le terrain, la force du détachement, l'éloignement et la force de l'ennemi. De jour, par un beau temps et dans un pays ordinaire, l'avant-garde d'un détachement de 800 à 1000 hommes le précédera d'une demi-heure environ.

L'arrière-garde suit à la même distance.

Les éclaireurs marchent sur les flancs, par groupes de 2 ou 3, avec une petite réserve.

Dans une marche en avant, la conduite de l'avant-garde exige de l'expérience, une bonne vue et la connaissance de la langue du pays, si cela est possible.

Quand on rencontre un défilé, l'avant-garde le reconnaît avant que le gros du détachement s'y engage.

Elle fait de même tourner les villages avant d'y entrer.

Dans une marche rétrograde, c'est la conduite de l'arrière-garde qui devient l'affaire la plus importante.

Le corps du détachement marche en ordre, en colonne généralement, et sur un front proportionné à la largeur du débouché.

Quant à la place des deux armes dans le corps de bataille, généralement l'infanterie prend la tête.

Les bagages marchent à la queue de la colonne avec une petite escorte.

Les journées de marche sont en moyenne de 6 à 8 lieues.

Au milieu du jour, on fait une grande halte, pour permettre aux hommes de manger et de se reposer.

Quand on doit se procurer des vivres, on s'établit auprès d'un village et on en fait alors demander, en menaçant d'une exécution militaire.

On déguise quelquefois sa force et on demande des vivres pour un effectif supérieur.

Dans tous les cas, on s'entoure de vedettes et on se tient sur ses gardes pendant l'opération.

Les détachements peuvent rencontrer l'ennemi. Par suite, ils peuvent avoir à livrer des combats particuliers. Leurs chefs doivent alors chercher à faire agir les différentes armes d'après leurs propriétés tactiques. Fréquemment, pendant la route, ils doivent se demander : « *Si l'ennemi venait à paraître, quel parti prendrais-je ?* » Bien ou mal, il faut pouvoir répondre immédiatement à cette question.

L'hésitation devant l'ennemi est la plus grande de toutes les fautes, et les meilleures dispositions perdent tout leur mérite si elles ne sont pas prises à propos.

IV.

Des convois.—Les troupes ne peuvent pas porter avec elles tous les approvisionnements qui leur sont nécessaires : vivres, munitions, effets, etc.

Elles en ont ordinairement pour une quinzaine de jours et pour une bataille.

Mais, ensuite, il faut remplacer les approvisionnements consommés, et transporter, vers les points occupés par l'armée, les subsistances, les munitions et les effets rassemblés dans les places de dépôt ou requis sur le théâtre d'opérations.

Il faut encore évacuer les blessés sur les hôpitaux, et les prisonniers sur les dépôts de l'intérieur.

On forme alors des *convois*, qui comprennent les divers approvisionnements, transportés sur des bêtes de somme, dans des voitures ou sur des bateaux ; qui comprennent encore les blessés et les malades que l'on évacue sur les derrières ; enfin les prisonniers, que l'on réunit en nombre assez considérable, à qui l'on donne une escorte et que l'on dirige sur quelque place forte de l'intérieur.

Ces convois, loin de l'ennemi, ne demandent, pour leur conduite, que des mesures d'ordre.

A portée de l'ennemi, il faut encore donner au convoi des moyens de défense.

On forme alors, pour chaque convoi, une escorte composée généralement d'infanterie et de cavalerie. Quelquefois on y met de l'artillerie, quand le convoi est considérable.

La cavalerie a pour mission principale d'éclairer au loin la marche du convoi.

La proportion des différentes armes dépend de la nature du terrain à parcourir.

Puis on organise le convoi.

On y établit des divisions, qui rendent le commandement et les mouvements faciles. Par exemple, pour un convoi de 500 voitures, on le partagera en 5 divisions de 100 voitures chacune. Chaque division se subdivisera en 5 sections de 20 voitures.

On laissera des intervalles de 50 mètres entre les divisions, et de 20 mètres entre les sections.

On placera en tête du convoi les bêtes de somme, puis les voitures les plus importantes, par exemple celles qui portent de l'argent, ensuite celles qui portent des munitions, et enfin les voitures de vivres et celles d'effets.

On garde toujours un certain nombre de voitures vides, pour remplacer celles qui viendraient à se briser. La proportion ordinaire est de 5 pour 100.

Chaque voiture occupe 12 mètres dans la file, qu'elle soit à 4 roues et à 4 chevaux, ou bien à 2 roues et à 2 chevaux attelés à limonière.

Autant que le comporte la largeur de la route, les voitures marchent sur 2 files.

Après avoir organisé le convoi, on répartit l'escorte.

On la divise en quatre fractions.

Une avant-garde;
Une arrière-garde;
Un corps d'escorte proprement dit;
Une réserve,

L'avant-garde et l'arrière-garde, auxquelles il faut joindre quelques éclaireurs, forment environ le 1/3 de l'escorte totale, et marchent à des distances variables, suivant le terrain et la force du convoi.

Le corps d'escorte se divise en plusieurs fractions, attachées à chacune des divisions de voitures, autant que possible à raison d'un homme pour deux voitures. La force du corps d'escorte est aussi du 1/3 du corps total.

Enfin la réserve, qui comprend le dernier tiers de l'escorte, quelquefois la moitié, marche réunie à hauteur du centre du convoi et sur le flanc le plus menacé. Elle se porte en tête ou en queue, si ce sont ces points qui sont le plus exposés.

C'est avec elle que l'on maintient l'ennemi et que l'on repousse ses attaques.

Telle est l'organisation générale du convoi et de son escorte.

Quant à la marche du convoi, elle est analogue à celle d'une troupe d'infanterie. Toutes les heures on fait une halte de quelques minutes, et au milieu du jour, une grande halte, quand le trajet est long et quand on trouve un endroit favorable à la défense.

Tous les soirs on parque à portée d'un village et autant que possible dans un endroit clos.

Il y a deux manières de parquer :

1° On parque en écurie, sur plusieurs lignes parallèles, avec des intervalles suffisants pour les mouvements des hommes et des chevaux. On emploie cette première manière quand on n'a rien à craindre de l'ennemi.

2° On parque en carré ou en cercle quand on craint une attaque. On peut alors se défendre dans son parc comme dans une redoute.

Quand un convoi est attaqué, si les forces de l'ennemi sont inférieures à l'escorte, le commandant du convoi contient les assaillants avec sa réserve, pendant que les voitures forcent de marche.

Si l'on a affaire à des forces supérieures, on fait serrer les files et l'on continue à marcher, en abandonnant successivement à l'ennemi quelques voitures qui le retardent et qui permettent de renforcer les attelages. On lâche ainsi les voitures chargées de vin et d'eau-de-vie.

L'on s'efforce ensuite de gagner une ferme ou un village, dans lequel on s'enferme. On continue à s'y défendre, pour lasser l'ennemi et pour attendre du secours.

Si le terrain ne présente pas de village ou de ferme à portée, on forme le parc.

Si enfin on reconnait l'impossibilité de sauver son convoi, on s'efforce de le détruire.

Pour les convois de bateaux, l'escorte peut être embarquée ou suivre par terre. Dans ce dernier cas, il faut faire attention que le convoi n'aille pas plus vite que l'escorte. Le maréchal Suchet a perdu un convoi sur l'Èbre à cause de cette différence de rapidité dans la marche d'un convoi et de son escorte.

Pour les convois de prisonniers on les fait coucher en cas d'attaque. On ne laisse pour les garder qu'un petit nombre d'hommes, et on emploie la plus grande partie du détachement à repousser l'ennemi.

S'il s'agit maintenant d'attaquer un convoi, au lieu de le défendre, on divise le corps d'attaque en quatre fractions.

La première attaque la tête.

La seconde la queue.

La troisième le centre.

La quatrième sert de réserve.

A la tête, on s'efforce d'arrêter le convoi; au centre, de le couper en deux.

Le meilleur moment pour attaquer un convoi est le matin, quand il part et qu'il se met en ordre; ou bien à la grand'halte, quand les troupes se reposent et que les chevaux sont à l'abreuvoir; ou bien encore au passage d'un défilé; enfin le soir vers la fin de la journée.

Tels sont les principes généraux de la conduite, de la défense et de l'attaque des convois.

V.

Des embuscades et des surprises. — Ce sont des attaques subites et imprévues, dans lesquelles on supplée au nombre par la ruse.

Le secret est la première condition de ces opérations.

Dans les embuscades, on attend l'ennemi ; dans les surprises, on va le chercher.

On tend des embuscades pour arrêter un courrier, pour enlever une patrouille, un officier voyageant isolément, etc., etc.

On cherche à surprendre un poste, un village, une troupe, un cantonnement, etc.

Les terrains coupés d'accidents sont les plus propres à ce genre d'opérations.

On marche ordinairement de nuit, avec précaution, avec défense de fumer. On dirige la marche par les chemins les moins fréquentés. On cherche à ne pas être aperçu des habitants.

Pour les embuscades, l'infanterie, qui peut être cachée facilement, est la meilleure arme à employer.

Quand on emploie de la cavalerie, on la place à 6 ou 800 mètres du point où elle doit agir. Sa rapidité lui permet de s'y porter à temps.

On choisit pour une embuscade un point où la route présente quelques difficultés, un gué, les abords d'un village, un défilé, etc.

Il faut que le lieu choisi soit assez spacieux pour contenir les troupes, assez écarté des communications pour ne pas être éventé, assez couvert pour que la troupe n'y soit pas aperçue de loin.

On s'éclaire au moyen de quelques sentinelles placées dans des maisons, des greniers, sur des arbres touffus, etc.

Pour l'action, la troupe se divise en trois sections : l'une attaque en tête, l'autre en queue, la troisième sert de réserve.

On agit ainsi, par exemple, pour l'enlèvement d'un officier.

VI.

Des contributions. — On lève des contributions en pays ennemi. On emploie alors un détachement comprenant les trois armes.

L'artillerie produit par sa seule présence un grand effet moral.

Quelquefois on emploie seulement de la cavalerie et de l'artillerie.

Il y a deux manières de procéder pour lever des contributions :

1° On visite successivement chaque centre de population, en l'enveloppant pendant l'opération ;

2° On divise son détachement en fractions, qui vont simultanément dans chaque bourg ou village. On reste au centre avec une réserve.

Quelquefois on lève des contributions à quatre ou cinq journées de marche de l'armée. Ce sont alors de petites expéditions pendant lesquelles on marche d'après les règles prescrites pour les détachements.

Quand il s'agit de faire contribuer un village, on se porte en avant du village, du côté de l'ennemi, on l'enveloppe pour empêcher les habitants d'en sortir. On enlève le maire et quelques habitants influents, et, par leur intermédiaire, on fait fournir la contribution.

Si l'on est obligé d'employer les moyens de rigueur, on doit maintenir sévèrement la discipline.

VII.

Des fourrages. — Les contributions servent à obtenir de l'argent.

Les fourrages ont pour but de se procurer les denrées nécessaires à la nourriture des hommes et des chevaux, ainsi que la paille, le bois de chauffage, etc.

Il y a deux espèces de fourrages :

Les fourrages au vert ;
Les fourrages au sec.

Pour les premiers, on reconnaît d'avance le terrain à fourrager. On l'expérimente pour en connaître le rendement. Et pour cela, on fait faucher de petites portions, afin de voir ce qu'elles fournissent.

Un arpent fournit en moyenne :

400 gerbes de blé faisant 40 trousses de 120 à 150 livres, ou 400 bottes de foin faisant 40 trousses de 100 à 120 livres ; 100 hommes peuvent en une heure couper un arpent.

Quant aux grains, le mètre cube fait 120 rations.

Le mètre cube d'avoine pèse 800 livres et fait la charge de trois chevaux.

En froment il pèse à peu près le double et fait la charge de cinq à six chevaux.

On établit donc d'abord ce que doit produire le terrain à fourrager, puis on commande le nombre voulu de fourrageurs qui se rendent sur le terrain avec leurs sabres seulement.

On les couvre par une escorte. En cas d'attaque, les fourrageurs se joignent à l'escorte.

Pour les fourrages au sec, on fait, comme précédemment, un travail préliminaire, afin de connaître le produit approximatif du fourrage. Il ne faut pas affamer le pays, et, en prenant ce qui est utile à l'armée, on doit laisser le nécessaire aux habitants.

On ne fourrage qu'un village à la fois, pour avoir un espace moindre à couvrir.

On vérifie par un toisé approximatif et rapide ce qu'une meule ou une grange peut renfermer.

Comme précédemment, il y a une escorte et des fourrageurs. L'escorte est particulièrement chargée de couvrir la ligne de retraite et de protéger le convoi des voitures. On maintient sévèrement la discipline. On emmène un détachement de gendarmerie pour arrêter les maraudeurs.

DIX-SEPTIÈME LEÇON.

Des reconnaissances. — Définition. — Classification. — Importance des reconnaissances. — Du coup d'œil militaire. — Éléments que comporte l'exécution d'une reconnaissance. — Croquis et rapport.
Des reconnaissances journalières.
Des reconnaissances offensives.

I.

Des reconnaissances. — Leur classification. — Les reconnaissances appartiennent aux petites opérations, c'est-à-dire aux opérations journalières qu'accomplissent, autour d'une armée, des détachements ayant pour but d'assurer sa sûreté ou ses approvisionnements.

Elles rentrent, comme les petites opérations, dans l'instruction militaire que doit posséder une armée avant d'entrer en campagne.

Elles appartiennent, par suite, au cours de première année.

On entend par *reconnaissance* l'appréciation des positions et des mouvements de l'ennemi, ou bien encore l'exploration d'une localité dont on veut connaître les accidents naturels, les produits et les ressources.

Il y a par suite deux sortes de reconnaissances.

Les unes qui sont relatives à la connaissance de l'ennemi.

Les autres qui s'appliquent au terrain.

Le service en campagne distingue trois espèces de reconnaissances.

1° Les reconnaissances journalières ;
2° Les reconnaissances offensives ;
3° Les reconnaissances spéciales.

Les deux premières classes ayant rapport aux positions et aux mouvements de l'ennemi.

La troisième s'appliquant spécialement à la reconnaissance du terrain.

Les reconnaissances de la première espèce, c'est-à-dire les *reconnaissances journalières*, sont des tournées faites par de petits détachements en avant et dans l'intérieur d'un système d'avant-postes.

On les appelle encore *patrouilles* et *découvertes*.

Les patrouilles sont offensives, quand elles dépassent la ligne des vedettes. Elles sont défensives, quand elles parcourent seulement le terrain des avant-postes pour relier les grand'gardes entre elles. Elles concourent avec les rondes à assurer la tranquillité des corps en position.

Les reconnaissances de la deuxième espèce, c'est-à-dire les *reconnaissances offensives*, sont des mouvements offensifs exécutés par des masses de troupes plus ou moins considérables. Elles ont pour but de tâter l'ennemi et de le forcer à se démasquer.

Elles servent très-souvent de prélude à des engagements partiels, souvent même à des batailles.

On les appelle aussi reconnaissances à main armée.

Ces deux premières espèces de reconnaissances ont pour but, comme je l'ai dit précédemment, l'appréciation des positions et des mouvements de l'ennemi.

La troisième classe de reconnaissances comprend

les *reconnaissances spéciales*, c'est-à-dire celles qui sont faites dans un but déterminé et qui ont pour objet l'exploration des localités.

Ces reconnaissances se subdivisent en deux classes :

1° Les reconnaissances topographiques, ayant pour but d'apprécier les formes et les accidents du terrain ;

2° Les reconnaissances statistiques, qui ont pour but d'en apprécier les produits, les ressources, ainsi que les moyens de les utiliser.

Telles sont les diverses espèces de reconnaissances.

Importance des reconnaissances.— Les reconnaissances ont une grande importance, parce qu'elles sont le moyen le plus complet et le plus régulier d'obtenir les renseignements militaires.

Ces renseignements peuvent se diviser en deux classes :

1° Ceux qui sont nécessaires au Gouvernement, et qui sont relatifs aux systèmes militaires des peuples voisins, à leur population, leurs finances, leur esprit public, leur constitution, leurs ressources et moyens de guerre ;

2° Ceux qui sont nécessaires à un général d'armée, sur la force et les positions de l'ennemi, sur ses desseins, sur l'emplacement de ses magasins, sur les moyens de transport du pays, sur la configuration et les ressources du théâtre, etc., etc.

De ces renseignements, les premiers servent de bases aux plans de guerre ; les autres servent de bases aux plans de campagne.

Les uns et les autres sont donc extrêmement importants.

Et par suite, les reconnaissances, qui sont le meilleur

moyen de les obtenir, jouent un grand rôle dans les opérations et ont une grande utilité.

Les exemples historiques ne manquent pas pour prouver ce que j'avance. Le général Vallongue, dans le Mémorial du dépôt, en cite un grand nombre tirés aussi bien des guerres de l'antiquité que des guerres modernes.

Les reconnaissances sont généralement faites par les officiers d'état-major, qui préparent ainsi toutes les opérations de la guerre. Par suite, leur service est un des plus importants de l'armée. Leurs travaux servent de bases à toutes les combinaisons des généraux.

Pour l'exécution de ces reconnaissances, ils marchent avec les avant-gardes, et ils doivent avoir l'habitude de juger et de représenter rapidement le terrain.

« L'intention de l'Empereur, » écrit de Posen, le 2 décembre 1806, le maréchal Berthier au général Samson, chef du dépôt de la guerre à cette époque, « est que les ingénieurs-géographes soient toujours à « l'avant-garde de chaque corps d'armée. Ils suivront « à cheval, figureront le pays à droite et à gauche. Ils « adresseront journellement le croquis de leur travail « pour être rassemblé et mis au net. Les plans que « l'on donne après les marches et les batailles ne « servent à rien. L'essentiel est d'avoir un bon croquis « aussitôt que les premiers tirailleurs paraissent sur « le pays ennemi, et que, d'après ce croquis, l'Empe« reur puisse faire ses dispositions, soit pour une ba« taille, soit pour tout autre dessein. »

D'après le service en campagne, les officiers d'état-major sont aujourd'hui spécialement chargés des reconnaissances. Cependant on y emploie aussi des officiers de l'artillerie, du génie ou de l'intendance, quand il s'agit d'opérations qui rentrent dans leur spécialité.

Les officiers en reconnaissance sont accompagnés seulement d'une ou deux ordonnances, quand ils opèrent à une certaine distance de l'ennemi.

Quand ils opèrent près de l'ennemi, on leur donne une escorte. Ils en ont quelquefois le commandement; s'ils ne l'ont pas, l'officier commandant doit déférer aux avis de l'officier d'état-major, quand même il serait d'un grade supérieur.

Quand l'officier d'état-major est chargé de la conduite du détachement, il s'assure avant le départ que les gibernes sont garnies de cartouches, que les armes sont en bon état, que les chevaux sont bien ferrés, que les besaces contiennent du pain et de l'avoine.

Il fait ensuite rompre par quatre, dit le général de Brack, après avoir formé une avant-garde d'une dizaine d'hommes commandés par un maréchal des logis, marchant à 150 mètres en avant du détachement, et une arrière-garde de 1 brigadier et 4 hommes, marchant à 50 mètres en arrière.

Pendant la marche, l'officier d'état-major doit régler les haltes, les allures et les repas, de manière à ne pas fatiguer les chevaux et à les avoir toujours disponibles pour un coup de collier.

Du coup d'œil militaire. — Le premier élément d'exécution des reconnaissances est le coup d'œil militaire.

Le coup d'œil en général est la faculté d'apprécier les objets que l'on aperçoit.

Le coup d'œil militaire s'applique à l'appréciation du terrain, des distances, des hauteurs, des formes particulières du sol, et des déductions que l'on peut tirer de ce que l'on voit, pour deviner ce que l'on ne voit pas.

Il s'applique encore à la connaissance des propriétés militaires du terrain, aux formes de résistance ou d'attaque qu'il présente pour telle ou telle arme. Il permet d'apprécier la bonté de telle ou telle position que l'on aperçoit, de reconnaître la meilleure manière de l'occuper ou d'en distinguer le point d'attaque.

Enfin le coup d'œil militaire s'étend jusqu'à apprécier les avantages ou les défauts d'une manœuvre que l'on voit exécuter.

Ces différentes propriétés du coup d'œil militaire sont données par la nature. Cependant on peut les perfectionner par le travail.

« Un officier, dit Folard, qui veut former son coup « d'œil et s'instruire sur les reconnaissances, peut se « dispenser de consulter beaucoup d'ouvrages ; qu'il « observe la nature, qu'il utilise ses promenades, ses « parties de chasse, et, s'il a quelques notions d'art mi- « litaire, il découvrira promptement les propriétés des « divers terrains, relativement à telle ou telle arme ; « il se fera des idées justes sur leur défense et sur leur « attaque ; il leur appliquera les manœuvres qu'il a « lues dans ses règlements et qu'on ne fait pratiquer « ordinairement que sur des esplanades bien nive- « lées. Cet officier apprendra enfin à évaluer les dis- « tances à la simple vue, par quelques points mesurés « d'abord ; il se formera le coup d'œil, si la nature le « lui a refusé ; il le perfectionnera, si elle a été libérale « envers lui. »

Ces conseils de Folard ne sont pas difficiles à suivre. Et, soit à la chasse, soit en promenade, soit surtout pendant les levés, il faut, à chaque accident de terrain que l'on rencontre, se demander quels sont les avantages ou les défauts qu'il présente, et comment on devrait s'y prendre pour l'attaquer ou le défendre.

Indépendamment de la chasse et des voyages, le marquis de Silva, dans ses *Pensées sur la tactique*, recommande l'étude des questions militaires analogues à celles données à l'école : le choix d'une position, le passage d'une rivière, l'attaque d'un poste, la conduite d'un fourrage, etc.

On se forme ainsi le coup d'œil. Celui-ci est d'une application constante dans les reconnaissances topographiques.

Ces reconnaissances se font généralement sans instruments, ce sont des levés à vue. Le coup d'œil seul permet alors d'apprécier les angles et souvent aussi les distances, quoique généralement on mesure ces dernières au pas.

C'est encore le coup d'œil qui permettra d'apprécier les formes du terrain, de reconnaître les thalwegs et les lignes de partage, ainsi que les sinuosités des courbes et la direction des lignes de plus grande pente.

Éléments que comporte l'exécution d'une reconnaissance. — Les reconnaissances comportent deux éléments : un croquis et un rapport.

Du croquis. — Le croquis est généralement fait au crayon, à une échelle assez considérable, le $\frac{1}{10.000}$ ou le $\frac{1}{20.000}$.

Il doit être exécuté rapidement ; la première condition est de le donner à temps.

Ainsi que je l'ai dit précédemment, l'Empereur voulait que ses ingénieurs-géographes lui envoyassent des travaux rapides.

L'exactitude est importante ; mais dans un travail

de cette espèce, elle passe après la rapidité, et est subordonnée au temps dont on dispose.

Avant de commencer une reconnaissance, on prépare le papier sur lequel on doit travailler.

On le colle sur un carton présentant une certaine résistance, de manière à pouvoir dessiner soit debout, soit à cheval. Si l'on doit faire un itinéraire d'une certaine longueur, on peut arranger son papier de manière qu'il se plie plusieurs fois sur lui-même et qu'il se développe au fur et à mesure des besoins.

On trace sur ce papier des carreaux de 1 à 3 centimètres de côté, représentant, suivant l'échelle, des longueurs de 100 à 1000 mètres.

Ces carreaux servent à rapporter les distances et permettent de rattacher les angles au méridien.

En même temps l'on place sur son papier, comme points de départ ou de repère, les points principaux du terrain qui sont fournis par les cartes que l'on possède. Il est peu de pays aujourd'hui en Europe sur lesquels on n'ait pas ainsi quelques cartes pouvant donner d'une manière générale les bases du travail.

Puis l'on se rend sur le terrain et l'on passe à l'exécution du croquis.

Ce croquis doit être établi avec autant de soin que possible. Car, ainsi que je l'ai dit précédemment, les reconnaissances servent de bases à toutes les opérations de la guerre, et c'est d'après elles que les généraux prennent leurs dispositions, soit pour occuper une position, soit pour établir un camp, soit pour préparer une marche, etc.

Les reconnaissances reposent sur les mêmes principes que les levés réguliers. Il n'y a de différence que dans les moyens d'exécution.

Ainsi, au lieu de mesurer les distances à la chaîne, on les mesure au pas ou à vue.

Au lieu de mesurer les angles avec la planchette ou avec la boussole, on les mesure aussi à vue ou bien avec des instruments très-portatifs.

Dans le premier cas, on se place au sommet de l'angle, on le compare à un angle droit, et on apprécie à peu près sa valeur.

Devant mesurer les distances au pas, la première opération à faire avant de commencer le levé est d'étalonner son pas, si l'on doit opérer à pied, et le pas de son cheval, si l'on doit opérer à cheval.

Pour le cheval, on peut calculer la distance parcourue, d'après le temps employé à la parcourir.

En une minute, le cheval au pas parcourt 100 mètres, quand il a un pas moyen.

On suit du reste la même marche que dans les levés réguliers, en tâchant d'obtenir autant d'exactitude qu'en comportent les moyens dont on dispose.

Et comme l'appréciation des angles est plus difficile à vue que celle des distances au pas, on chemine autant que possible et l'on ne se recoupe que pour des points peu éloignés.

En même temps que l'on fait la planimétrie, on figure le terrain avec des courbes et des hachures, et l'on indique les bois, les cultures, les marais, etc..., au moyen de signes conventionnels.

Je ne parle pas davantage du croquis que comporte l'exécution d'une reconnaissance.

Le cours de topographie de l'école donne à cet égard les renseignements les plus complets.

Je passe au rapport qui rentre plus spécialement dans le cours d'art militaire.

Du rapport. — Le rapport est destiné à compléter le dessin. Il donne les détails que la topographie ne permet pas de représenter sur le plan.

Les qualités indispensables d'un rapport militaire, en général, sont :

1° La netteté de l'écriture ;
2° L'orthographe des noms propres ;
3° La clarté et la simplicité de la rédaction ;
4° Enfin l'exactitude scrupuleuse des faits, en distinguant ce que l'on a vu soi-même de ce que l'on a appris par les autres.

On copie toujours, en tête d'un rapport, l'ordre que l'on a reçu pour l'exécution de la reconnaissance et qui en indique le but.

Cet ordre permet d'estimer le temps que l'on peut consacrer au travail et par suite le degré d'exactitude que l'on peut y mettre.

A la suite d'une reconnaissance de l'ennemi, c'est-à-dire d'une reconnaissance journalière, ou d'une reconnaissance offensive, on fait un rapport qui indique tout ce que l'on a vu et les différents renseignements que l'on a pu recueillir. Ce rapport est généralement très-succinct, une ou deux pages. Il doit être surtout dans le sens des instructions données.

Ce rapport prend des proportions plus considérables à la suite des reconnaissances spéciales, c'est-à-dire à la suite des reconnaissances du terrain. Il s'applique davantage à la description des localités.

C'est un mémoire de ce genre que les élèves font à l'école à la suite de chaque levé.

Ce mémoire se divise en plusieurs parties que nous allons passer successivement en revue.

La première partie est relative à la description succincte de l'ensemble du terrain. Il faut alors indiquer sa situation politique, c'est-à-dire à quel département, à quel canton il appartient, puis sa situation géographique, c'est-à-dire dans quelle vallée, dans quel bassin il se trouve placé.

On indique ensuite quelles sont ses limites.

Et enfin son aspect général.

Supposant alors son point de vue à une certaine hauteur, on cherche à embrasser l'ensemble du terrain levé. On cherche à reconnaître les thalwegs et les lignes de partage. Et l'on indique alors à grands traits la physionomie générale du pays, qui peut être plat ou accidenté, boisé ou découvert, coupé de haies ou de murs, sec ou marécageux, etc.

On dit aussi quelques mots sur la nature du sol, sur le climat, les habitants, etc.

Voilà le premier paragraphe du mémoire.

Le deuxième est relatif aux voies de communication. On indique leur direction, leur nature, leur état d'entretien, etc... On examine le rôle qu'elles peuvent jouer dans les opérations. Elles forment des lignes stratégiques, et, selon leur direction, elles servent de ligne d'opérations ou de lignes de communication. Enfin on indique les positions militaires, les places fortes ou les lignes de défense qui peuvent les couvrir.

Le troisième paragraphe est consacré aux cours d'eau. On indique leur largeur, leur profondeur, leur vitesse et tout ce qui peut constituer leur importance. On signale les différents points de passage qu'ils présentent, ainsi que leur nature,—ponts, bacs, gués, etc... On décrit les moyens de transport employés pour la navigation ; enfin on examine le rôle que ces cours d'eau peuvent jouer dans les opérations, suivant qu'ils sont parallèles ou perpendiculaires à la marche des armées.

Le quatrième paragraphe est consacré aux centres de population : villes, bourgs, villages, hameaux, fermes, châteaux, moulins, maisons isolées, etc., etc... On s'occupe particulièrement de leur forme, de leur étendue, de la nature de leurs constructions, des ressources qu'ils présentent, des travaux à exécuter pour leur mise en état de défense ; enfin on examine le rôle qu'ils peuvent jouer dans les opérations.

Ils peuvent appuyer les opérations stratégiques, comme places du moment, ou postes de campagne.

Sur les champs de bataille, ils peuvent servir de points d'appui aux troupes de la ligne de bataille, ou de postes avancés pour retarder les approches de l'ennemi.

Le cinquième article est consacré aux positions militaires. On appelle positions des espaces de terrain où les troupes s'établissent, en y trouvant certains avantages pour leurs opérations ultérieures.

Les sixième et septième paragraphes sont relatifs aux bois et aux défilés, sur lesquels on donne des renseignements analogues à ceux que je viens d'indiquer.

Nous parlerons plus loin et avec détails de la reconnaissance de chacun de ces accidents.

Dans la deuxième partie du cours nous verrons le rôle qu'ils jouent dans les opérations.

Pour aujourd'hui contentons-nous des indications générales qui précèdent sur le mémoire descriptif que l'on doit exécuter à la suite d'une reconnaissance.

On prend les notes nécessaires pour l'établissement de ce mémoire, en parcourant le pays et en faisant le levé.

On rédige plus tard, quand on est rentré chez soi. J'ai indiqué les principales conditions que doit remplir ce travail. Je répète que la première de toutes est la clarté, et celle-ci résulte de la simplicité du style, ainsi que de l'ordre et de la méthode que l'on apporte dans le classement des matières.

Telles sont les règles générales relatives à l'exécution des croquis et des mémoires que comportent les reconnaissances.

Nous arrivons maintenant à l'examen des trois espèces de reconnaissances.

1° Reconnaissances journalières ;
2° Reconnaissances offensives ;
3° Reconnaissances spéciales.

II.

Reconnaissances journalières. — Les reconnaissances journalières s'appellent aussi *patrouilles* ou *découvertes* : patrouilles qui peuvent être offensives ou défensives, suivant ce que j'ai indiqué plus haut.

L'objet des reconnaissances journalières est de s'assurer si, à la faveur de terrains couverts, montueux, ou d'autres circonstances de localités, l'ennemi ne prépare pas un mouvement offensif, une surprise ou une embuscade ; si ses avant-postes n'ont pas été mis en mouvement ; s'il ne se passe rien dans ses camps ou bivouacs qui annonce quelques préparatifs de marche ou d'action.

Le service de ces reconnaissances est réglé par brigade. Il emploie peu de monde. On les compose d'infanterie ou de cavalerie, suivant la nature du terrain ; quelquefois des deux armes, mais agissant alors isolément et à distance. La cavalerie pousse au loin, l'infanterie sert de réserve et assure la retraite, en occupant un point important.

Les reconnaissances journalières observent les précautions suivantes :

1° Elles marchent avec une avant-garde et des éclaireurs. Ceux-ci sont toujours par deux, de manière que l'un puisse aller reconnaître et l'autre au contraire rester en arrière pour avertir.

2° On marche lentement, en silence. On s'arrête souvent pour écouter. On évite soi-même toute espèce de bruit qui pourrait servir à avertir l'ennemi.

3° Quand on doit revenir par le même chemin, on échelonne en arrière des postes ou des ordonnances, pour transmettre les nouvelles et pour se relier au système d'avant-postes. Quand on ne revient pas par le même chemin, on ne laisse personne.

4° Si l'on rencontre l'ennemi, il faut tâcher de l'observer et ne combattre que si l'on y est forcé.

5° Les reconnaissances ne s'engagent dans les vallées, villages, gorges ou bois qu'après les avoir fait fouiller par les éclaireurs et après avoir pris tous les renseignements nécessaires.

C'est ainsi que l'on conduit les reconnaissances journalières.

Généralement ces reconnaissances ont lieu avant le point du jour. Toutes les troupes sont sous les armes en attendant leur rentrée.

Il ne faut pas les prodiguer, ni les recommencer toujours aux mêmes heures et par les mêmes routes.

Ces reconnaissances sont ordinairement commandées par des officiers de troupe. Quelquefois cependant un officier d'état-major peut être chargé de conduire une reconnaissance journalière, avec mission d'examiner le terrain, de faire un croquis à vue et d'établir un rapport descriptif.

Il existe pour ces reconnaissances des indices signalés par le maréchal de Saxe, par le colonel Chatelain et autres, par exemple, la poussière, l'éclat des armes, le nombre des feux de bivouacs, leur étendue, la couleur des uniformes, etc.

L'habitude de la guerre apprend à tirer parti de ces indices. La théorie pourrait conduire à de graves erreurs.

III.

Des reconnaissances offensives.— Elles ont pour but de reconnaître la position de l'ennemi, d'apprécier le nombre de ses troupes, leurs emplacements, leurs moyens matériels de défense, etc.

Pour cela on replie brusquement ses avant-postes, et on menace sa position assez sérieusement pour le forcer à démasquer ses troupes, en les déployant en bataille.

Ces reconnaissances sont souvent des démonstrations, mais souvent aussi elles préludent à des attaques réelles et même à des batailles. On y emploie des quantités de troupes assez considérables, et toute l'armée est sous les armes pendant la durée de l'opération.

Le général qui commande la reconnaissance offensive, et c'est presque toujours le général en chef, échelonne avec méthode les troupes qu'il emploie, de manière à assurer sa retraite, à recueillir les corps qu'il engage s'ils viennent à être battus, en même temps de manière à les soutenir s'ils obtiennent quelques succès, et à ne pas perdre une occasion fortuite et favorable.

Il cherche à arriver de sa personne sur un point culminant, d'où il puisse apercevoir les troupes ennemies et juger de leur nombre, de leurs dispositions, de leur contenance, etc.

Les officiers d'état-major sont employés alors autour de lui à la reconnaissance du terrain.

En raison de l'importance des reconnaissances offensives et des résultats qu'elles peuvent amener, les généraux en chef se réservent le droit de les ordonner seuls. Les autres généraux ne peuvent le faire que dans des cas exceptionnels et urgents.

Ces reconnaissances rentrent dans les grandes opérations de la guerre.

Je citerai comme exemple de reconnaissance offensive, Napoléon entrant en Bohême, le 20 août 1813, à la reprise des hostilités, par le défilé de Zittau, s'avançant jusqu'au delà de Gabel, avec 1 division de cavalerie légère polonaise ; 1 division de cavalerie légère de la garde, et 1 division d'infanterie de la garde, destinée à assurer les derrières de la reconnaissance et à couvrir la retraite. L'Empereur voulait reconnaître la position de la grande armée de Schwartzemberg et s'assurer de la jonction des Autrichiens avec les Prussiens et les Russes.

DIX-HUITIÈME LEÇON.

Des reconnaissances spéciales.—Des reconnaissances topographiques. — Reconnaissance des voies de communication. Leur classification, leur nature, leur tracé, leur entretien, leurs divers accidents, leur destruction.

Des chemins de fer. Leurs relations avec les théâtres d'opérations. —Détails de leur reconnaissance.

Des défilés, leur classification. — Préoccupations de leur reconnaissance.

I.

Des reconnaissances spéciales. — Les reconnaissances spéciales sont celles qui sont faites dans un but déterminé.

Elles se divisent, comme je l'ai dit précédemment, en reconnaissances topographiques et en reconnaissances statistiques.

Nous allons nous occuper d'abord des premières.

Celles-ci s'appliquent aux formes du sol, à la description des lieux.

Elles peuvent être particulières ou générales, c'est-à-dire qu'elles peuvent avoir pour objet un seul des accidents du terrain, une route, un cours d'eau, un village, etc., ou bien elles peuvent embrasser une surface de pays plus ou moins étendue et présenter alors l'ensemble des mêmes accidents, routes, cours d'eau, villages, etc.

Une reconnaissance générale n'est, par conséquent, que la réunion de plusieurs reconnaissances particulières.

Nous nous occuperons d'abord de celles-ci.

J'ajouterai ensuite quelques mots sur les autres.

Je suivrai l'ordre ci-après :

1° Nous verrons la reconnaissance des voies de communication ;
2° Celle des défilés ;
3° Celle des cours d'eau ;
4° Celle des positions militaires ;
5° Celle des centres de population ;
6° Celle des bois.

Reconnaissance des voies de communication. — Une armée en position fait reconnaître autour d'elle toutes les voies de communication qui peuvent lui être utiles.

Un officier chargé d'une reconnaissance de cette espèce établit un croquis, d'après les principes dont j'ai parlé dans la dernière leçon, sur un papier divisé d'avance en carreaux à l'échelle. Il mesure les distances au pas, et les angles à vue, ou bien avec une boussole très-portative.

Il complète ensuite son travail au moyen d'un tableau descriptif dont le modèle est donné par l'Agenda d'état-major, et dont les éléments doivent être recueillis sur le terrain.

Si la reconnaissance précède une opération de guerre déterminée, par exemple la marche d'un détachement ou d'un convoi, on joindra au travail un mémoire relatif à l'objet particulier que l'on a en vue.

Tels sont les éléments que comporte la reconnaissance topographique d'une voie de communication, savoir :

Un croquis, un tableau d'itinéraire et un mémoire, s'il y a lieu.

Les voies de communication sont indispensables au commerce et à l'industrie. C'est par elles que les diverses provinces échangent les produits de leur sol, produits qui diffèrent entre eux par suite de la différence du terrain, du climat et des habitudes de culture.

Sans communications, point d'échange, point de commerce, point d'industrie.

Au point de vue militaire, les communications sont également de la plus grande importance.

Elles servent aux mouvements des armées, au transport des approvisionnements. Elles deviennent des lignes d'opérations, ou des lignes de communication, suivant qu'elles sont perpendiculaires ou parallèles à la base d'où l'on part.

C'est toujours d'après la distribution des routes sur le terrain que se combinent les mouvements stratégiques. Leur tracé, par suite de leur importance, doit être étudié avec soin.

Elles ouvrent évidemment le territoire à l'ennemi. Il faut donc les diriger à travers les grands obstacles du terrain, c'est-à-dire à travers les masses de résistance qui couvrent le pays, et les faire passer par des points fortifiés convenablement choisis. De cette manière, tout en communiquant avec les peuples voisins, on se réserve la faculté de leur interdire l'accès de son propre pays en cas de guerre.

C'est pour cela que le tracé des routes est déterminé par une commission mixte, dans la composition de laquelle entrent des officiers généraux et des officiers du génie.

Les voies de communication ne se composaient autrefois que de quelques routes mal entretenues, impraticables une partie de l'année, et de chemins de traverse en terrain naturel, sur lesquels il se formait à chaque pas des fondrières, rendant bientôt le parcours impossible.

Il n'y avait pas d'ouvrage d'art, et l'on passait les rivières à gué ou dans un bac. A la moindre crue, il fallait s'arrêter un temps considérable pour laisser écouler les eaux.

Tel était l'état des voies de communication, en France, avant Louis XIV.

Depuis cette époque, on a senti le besoin de les améliorer. Les routes des Romains servirent d'abord de modèles. Les premiers progrès furent assez lents; mais, au commencement du siècle, sous l'Empire, on rectifia les anciennes routes, on en construisit de nouvelles, on répara les chemins.

Depuis ce moment, les voies de communication ont toujours été en s'améliorant.

Les chemins de fer sont venus ajouter de nouvelles facilités et une bien plus grande rapidité à la locomotion et aux transports.

Chaque puissance de l'Europe possède aujourd'hui un réseau remarquable de voies de communication.

Examinons les détails sur lesquels on doit porter son attention dans leur reconnaissance.

On commence d'abord par indiquer leur classement.

Les voies de communication se classent généralement de la manière suivante. On distingue :

1° Les routes;
2° Les chemins;
3° Les sentiers;
4° Les chemins de fer.

Les routes se divisent en trois classes, d'après leur mode de construction et d'entretien :

La première classe comprend les *routes impériales*, entretenues par le Gouvernement.

La deuxième classe comprend les *routes départemen-*

tales, entretenues par les départements. A l'étranger, ces routes s'appellent provinciales et sont entretenues par les provinces.

La troisième classe, enfin, comprend les *routes cantonales*, ou chemins de grande communication, entretenues par les communes pour les parties qui traversent leur territoire.

Les routes impériales se subdivisent encore en trois classes :

1° Celles de première classe, qui partent de la capitale, conduisent à la frontière et communiquent, sans interruption, avec les capitales des pays voisins.

Route de Paris à Vienne par Strasbourg;

Route de Paris à Madrid par Bayonne.

2° Celles de deuxième classe, qui partent de la capitale et aboutissent à un chef-lieu de département.

3° Enfin, les routes impériales de troisième classe, qui font communiquer entre eux des chefs-lieux de département.

Telle est la classification des routes, et l'on doit indiquer tout d'abord, dans une reconnaissance, la classe à laquelle appartient celle que l'on reconnaît.

On indique ensuite l'ensemble de son tracé.

Généralement, les routes suivent les vallées, qui sont des centres de richesse et de culture. Elles joignent entre elles les grandes villes situées au fond de ces vallées. Elles y trouvent un terrain plus horizontal et plus facile que partout ailleurs.

Puis elles passent d'une vallée dans une autre, et c'est alors que l'on emploie, pour réunir les deux tracés, les courbes de raccordement dont on parle à l'école dans le cours de fortification.

Ainsi, la route de Paris à Strasbourg a été tracée le

long de la vallée de la Marne jusqu'à Vitry; puis le long de la vallée de l'Ornain; elle passe ensuite dans la vallée de la Meuse et y suit deux de ses affluents; de même dans la vallée de la Moselle, et enfin, elle arrive dans la vallée du Rhin.

Après le tracé de la route on s'occupe de son profil et de sa largeur.

Le profil se compose ordinairement d'une chaussée et de deux accotements.

Il y a généralement des fossés dont il faut tenir compte et des rangées d'arbres placées intérieurement ou extérieurement.

La largeur des routes est en raison de leur importance.

Sous Louis XIV, cette largeur était considérable; elle allait jusqu'à 25 mètres sans les fossés.

Aujourd'hui, on donne :

14 mètres de largeur aux routes de première classe;
12 mètres à celles de seconde;
10 mètres à celles de troisième;
8 à 10 mètres aux routes départementales;
8 mètres aux chemins de grande communication.

Le profil d'une route est généralement bombé, de manière à rejeter les eaux dans les fossés.

C'est là la forme que l'on adopte pour les circonstances suivantes :

1° Pour les routes tracées en plaine;

2° Pour les routes tracées en levées, c'est-à-dire construites entièrement en remblai, traversant, par exemple, un pays marécageux ;

3° Pour les routes tracées en déblai, c'est-à-dire formant une tranchée, comme, par exemple, pour franchir une côte.

Il y a encore une quatrième manière de tracer les

routes; c'est en suivant les flancs d'une montagne et en s'adaptant à ses contours, de manière que partout le déblai corresponde au remblai.

On appelle une route de cette espèce *route à revers*, et le profil est alors disposé de telle manière qu'il présente une inclinaison de l'extérieur à l'intérieur pour rejeter les eaux au pied du talus du déblai.

Ces différents détails doivent être indiqués dans la reconnaissance.

On passe ensuite à la nature de la route.

Il y a généralement en France deux espèces de routes, quand on les considère sous le rapport de leur nature.

1° Les routes pavées;
2° Les routes empierrées.

Pour ces dernières, il faut examiner particulièrement la nature des matériaux que l'on emploie. C'est de là que dépend la bonté de la route.

Il y a encore des routes en fascines et des chaussées en rondins.

On en trouve peu d'exemples en France.

Après la nature de la route, on indique son état d'entretien.

Il y a trois systèmes pour entretenir les routes empierrées.

Le premier système consiste à faire des rechargements généraux, c'est-à-dire des réparations complètes, mais à de longs intervalles.

Le deuxième consiste à faire les réparations au fur et à mesure que les dégradations se produisent.

Le troisième système, qui est généralement le plus suivi aujourd'hui, consiste à prévenir les dégradations par l'enlèvement continu du produit de l'usure et par son remplacement au moyen d'une égale quantité de petits matériaux, que l'on saupoudre de sable et que l'on arrose avec soin.

Ce dernier système exige beaucoup de main-d'œuvre, mais il rend les routes excellentes.

A ce propos, j'observerai que les routes macadamisées sont préférables aux routes pavées en temps ordinaire, mais qu'elles sont d'un grand entretien et qu'en temps de guerre, si cet entretien venait à cesser, elles se dégraderaient beaucoup plus promptement que les routes pavées.

Après avoir parlé de la nature de la route et de son état d'entretien, il faut signaler maintenant les accidents de son parcours.

Ces accidents sont les suivants :

Les villages que la route traverse.

Les rivières qu'elle coupe et les moyens employés pour les franchir.

Les hauteurs qui la dominent.

Les routes ou chemins qui viennent s'y embrancher.

Les encaissements, les pas dangereux, ainsi que les réparations qui peuvent y être nécessaires.

La voie des voitures du pays, leur nature et le nombre que l'on pourrait en réunir par réquisition ou par marché.

Enfin on signale les pentes des parties inclinées. Ces pentes pour les anciennes routes étaient généralement de 1/14. Aujourd'hui elles varient du 1/18 au 1/24.

Il faut joindre encore à la description de la route l'indication des moyens à employer pour la détruire.

Ces moyens sont les suivants :

On peut faire sauter une arche de pont.

On peut creuser, sur une grande longueur et de distance en distance, des tranchées larges et profondes en travers de la route.

En pays de montagne, on détruit les talus de soutenement, ou bien l'on fait sauter des rochers.

Généralement on choisit, pour intercepter une route, un point où il y a des travaux d'art.

Tels sont les principaux détails à donner dans la reconnaissance d'une route.

On doit y ajouter quelques mots sur le rôle militaire que cette route peut jouer.

On étudie alors sa direction générale, ses points de départ et d'arrivée, etc... Cette route peut devenir, suivant sa direction, *une ligne d'opérations* ou une *ligne de communication.*

Les lignes d'opérations doivent passer par les points forts du terrain, par les places, au travers des masses de résistance.

Les lignes de communication doivent être protégées du côté de l'ennemi, par des lignes de défense, *cours d'eau* ou *chaînes de hauteurs*, etc.

Nous reviendrons plus tard sur ce sujet, pour l'étendre et pour le compléter. Dans tous les cas, on termine la reconnaissance d'une route par l'indication générale du rôle qu'elle peut remplir.

Après les routes viennent *les chemins.*

Je ne veux pas parler ici des chemins vicinaux, qu'il faut considérer comme des routes, mais des chemins communaux, qui relient les villages entre eux et qui conduisent d'une commune à une autre.

Ces chemins diffèrent des routes par leurs dimensions, par leur mode de construction et par leur état d'entretien.

Généralement ils sont bons en été et médiocres en hiver.

En plaine, ils sont praticables aux voitures. En pays de montagnes, ils ne servent qu'aux bêtes de somme.

Quoi qu'il en soit, dans la reconnaissance des chemins, on doit indiquer :

Leur direction ;

Leur largeur ;

La nature du sol sur lequel ils sont établis ;

Les mauvais pas qu'ils présentent et les travaux à faire pour les réparer ; enfin le rôle qu'ils peuvent jouer dans les opérations. Ce rôle est souvent très-important ; d'autant plus important quelquefois que l'on croit le chemin moins praticable aux armées.

Le succès de la campagne de 1800, en Italie, a dépendu du chemin qui traverse le Saint-Bernard, et l'opération tout entière était basée sur la reconnaissance qu'en avait faite le général Marescot.

A Hohenlinden, le chemin de Saint-Christophe à Mattenpoët servit à amener Richepanse sur les derrières des Autrichiens et nous a donné la victoire. C'était un chemin de bois assez médiocre, mais praticable.

Les *sentiers*, qui viennent après les chemins, jouent parfois aussi un grand rôle dans les opérations.

En 1800, c'est par un sentier, celui d'Albaredo, que l'armée de réserve tourna le fort de Bard.

En 1808, c'est par un sentier que le général Gouvion Saint-Cyr tourna Hostalrich.

Enfin, en 1810, c'est encore de cette manière que

Masséna, après avoir échoué devant la position de Busaco, parvint à la tourner et à déboucher dans la plaine de Coïmbre.

On donne sur les sentiers les mêmes détails que sur les routes et les chemins.

On remarque particulièrement les pas difficiles et l'on indique la manière de les réparer et de les franchir.

Indépendamment des routes, chemins et sentiers, les armées se servent encore de *débouchés tactiques*.

J'appelle débouché tactique une direction praticable à travers champs, indiquée par un arbre, un clocher, une hauteur, etc..., et conduisant de la position occupée par une armée à la position qu'occupe en face d'elle l'armée ennemie.

Une armée qui s'établit dans une position, doit faire reconnaître autour d'elle tous les débouchés tactiques qui peuvent lui servir à se porter en avant, sur les flancs ou en arrière. Elle doit les faire reconnaître, aussi bien que les routes, les chemins et les sentiers.

Dans la reconnaissance d'un débouché tactique, on indique sa nature, sa largeur, sa direction, les points de repère qui doivent guider les colonnes; les mauvais pas que l'on y rencontre; les réparations que l'on doit y faire; les obstacles qui pourront servir à couvrir les troupes pendant leur marche; enfin, les travaux matériels à exécuter à l'avance, pour l'organisation du débouché. Ces travaux consisteront en murs ou haies à percer, en ponts à jeter sur les ruisseaux, en rampes à établir, signaux à installer, etc.

Comme exemple de débouché tactique, je citerai, sur le champ de bataille de Montmirail, celui de l'Épine-aux-Bois à Marchais.

C'est une direction praticable à travers champs, partant de la position occupée par les Russes, franchissant le ruisseau de l'Épine-aux-Bois sur un pont en pierre, s'élevant sur le plateau au moyen d'un chemin d'exploitation, passant ensuite à travers des terres labourées, longeant un bois, franchissant le ruisseau de Marchais à gué, retrouvant un chemin de village et venant enfin aboutir à la position française, à Marchais même, dont le clocher lui a servi de point de repère.

II.

Reconnaissance des chemins de fer. — Les chemins de fer ont une origine toute récente. Ils ont été employés d'abord dans les usines et dans les forges, pour le transport du minerai et du charbon. On se servait de bandes de fer sur lesquelles glissaient les roues. La traction était opérée par des chevaux, et l'effort de ces animaux produisait un effet huit fois plus grand que sur des routes ordinaires horizontales.

Bientôt, on se servit de la vapeur comme moyen de traction. On employa d'abord une machine fixe, avec une chaîne sans fin; puis on employa des locomotives.

Les locomotives se sont perfectionnées d'une manière remarquable depuis l'origine des chemins de fer. Elles se perfectionnent tous les jours. Elles augmentent de puissance et de vitesse.

Les premières locomotives ne faisaient, au maximum, que 8 ou 10 lieues à l'heure. Elles ne déplaçaient que 60 tonnes. Aujourd'hui elles font généralement 12, 15 et même 20 lieues à l'heure. Elles déplacent facilement 150 tonnes; il y a même des machines à marchandises à trois roues couplées, qui traînent 400 tonnes.

Évidemment, les chemins de fer joueront un rôle considérable dans les opérations futures. Celui de Paris à la Méditerranée a déjà été fort utile dans les guerres d'Orient et d'Italie.

Les chemins de fer serviront au transport des troupes, remplaçant avec avantage les marches en poste et accélérées. Ils serviront encore au transport du matériel et des approvisionnements.

Par suite, il y aura lieu d'en faire la reconnaissance.

Celle-ci pourra se diviser en trois parties.

1° On indiquera d'une manière générale :

La nature de la construction du chemin, la largeur de la voie, les ouvrages d'art, tels que ponts, viaducs, passages de niveau, tunnels, etc.

Puis on étudiera le tracé général et l'on développera les considérations stratégiques qui s'y rattachent.

Généralement, les chemins de fer, comme les routes impériales, suivent les vallées, reliant entre eux les grands centres de population.

On passe d'une vallée dans une autre, au moyen de plans inclinés et de courbes, ou bien au moyen de tunnels.

L'ensemble du tracé doit être mis en rapport avec la défense du pays.

Autant que possible, un chemin de fer doit traverser les points forts du territoire, être couvert du côté de l'ennemi par de grands obstacles naturels, et enfin, dans le cas de l'offensive, déboucher vers un point des frontières ennemies qui présente des avantages pour l'attaque.

2° La deuxième partie de la reconnaissance porte sur les objets suivants :

On indique le nombre de locomotives disponibles, leur force, leur état d'entretien, les endroits où elles doivent s'arrêter pour faire de l'eau et du charbon.

Puis le nombre de voitures dont on pourrait disposer pour le transport des différentes armes : voitures à voyageurs, voitures à bagages, voitures pour les chevaux, plates-formes pour l'artillerie.

Enfin, les gares et stations, avec leurs moyens d'embarquement.

La deuxième partie de la reconnaissance s'applique ainsi au matériel du chemin de fer.

3° La troisième partie s'applique au personnel et présente l'indication des mécaniciens, des chauffeurs, des surveillants de la voie, des employés de toute espèce.

Voilà les détails principaux de la reconnaissance des chemins de fer.

III.

Reconnaissance des défilés.—Les routes, les chemins, les sentiers, etc., en un mot, toutes les voies de communication, présentent certains endroits où les troupes ne peuvent passer que sur un front rétréci.

Ce sont les *défilés*.

On en rencontre à tout instant, dans les villages, dans les gorges de montagne, à travers les bois, au milieu de prairies marécageuses, enfin au passage des rivières, soit sur des ponts, soit à des gués.

On divise les défilés en deux classes :

1° Ceux dont les flancs sont découverts et inaccessibles ;

2° Ceux dont les flancs sont couverts et accessibles.

Cette distinction est nécessaire, parce que, suivant la nature du défilé, on emploie des moyens différents pour le défendre ou pour l'attaquer.

Dans la reconnaissance d'un défilé, on étudie d'abord le terrain en avant du défilé, c'est-à-dire le terrain par lequel doit arriver l'ennemi.

Puis on étudie le terrain en arrière, celui par lequel on peut avoir à se retirer.

On examine ensuite le défilé lui-même. On indique sa largeur, sa longueur, pour savoir si, d'un bout à l'autre du défilé, on peut en flanquer la tête; puis son intérieur, pour connaître les points favorables ou contraires.

Pour les défilés de la deuxième espèce, on indique la nature des flancs, les communications qui les traversent, et parmi celles-ci, celles qui viennent aboutir dans le défilé lui-même.

L'on termine par des considérations militaires sur le rôle que peut jouer le défilé dans les opérations, et sur les moyens à employer pour le défendre ou pour l'attaquer.

Pour la défense, on se place généralement en arrière du défilé, quand on veut seulement en interdire l'accès à l'ennemi. On se place en avant, quand on veut en conserver l'usage.

Pour les défilés à flancs inaccessibles, comme les ponts, les digues, les gués, etc., s'ils ne sont pas trop longs, on cherche à tirer des flanquements de la rive que l'on occupe. Sinon, on fait des coupures derrière lesquelles on se retire successivement. On dispose ensuite la masse de ses forces concentriquement autour du débouché du défilé, de manière à y écraser l'ennemi en l'enveloppant.

Si le défilé est à flancs accessibles, comme une gorge de montagnes, comme une route dans les bois, ou à travers un village, etc., on organise la défense des flancs en même temps que celle de l'intérieur.

On dispose dans le défilé plusieurs réserves successives, particulièrement aux points où il y a des changements de direction.

Quand il s'agit d'attaquer un défilé, on dispose des batteries d'artillerie qui croisent leurs feux sur les abords, éteignent celui de l'ennemi et préparent l'attaque de l'infanterie.

Des tirailleurs soutiennent ces batteries, et cherchent à démonter les canonniers opposés.

Puis on lance au pas de course, dans le défilé, une colonne d'attaque peu profonde, qui se jette sur l'ennemi, comme la colonne de Lodi.

On fait suivre cette première colonne à petite distance par une colonne de soutien, et, de plus loin, par une colonne de réserve.

DIX-NEUVIÈME LEÇON.

Reconnaissance des cours d'eau. — Des eaux à la surface de la terre. —Des sources.—Des ruisseaux.—Des torrents.— Des rivières et des fleuves.—Des canaux.—Des eaux stagnantes, marais, lacs, inondations.

Reconnaissance des positions militaires, et particulièrement de leurs abords pour l'établissement des avant-postes.

I.

Nous continuons l'étude des *reconnaissances spéciales particulières*, c'est-à-dire de celles qui ont pour but d'examiner et de faire connaître chacun des accidents naturels que présente le terrain.

Nous allons voir dans cette leçon les eaux courantes et stagnantes, puis les positions militaires.

Des eaux à la surface de la terre.— Les eaux réduites en vapeur dans l'atmosphère se précipitent sur la terre sous forme de pluie ou de neige.

Une partie de ces eaux, provenant des pluies ou de la fonte des neiges, coule à la surface du sol et se rend directement dans les vallées.

Une autre partie filtre à travers les terrains perméables et descend dans l'intérieur de la terre jusqu'à ce qu'elle rencontre une couche qu'elle ne puisse pénétrer. Elle glisse alors sur cette couche, elle en suit les sinuosités et elle vient jaillir sous forme de sources à la surface du sol dans les endroits peu élevés, ou bien si elle ne trouve pas d'écoulement immédiat, elle forme de grands réservoirs intérieurs.

24.

Les eaux qui glissent à la surface de la terre, ou qui pénètrent dans son intérieur pour former les sources, descendent toujours dans les vallées, s'y réunissent et y forment des masses d'eaux courantes ou stagnantes.

Les eaux courantes sont : les ruisseaux, les torrents, les rivières et les fleuves.

Il faut y ajouter les canaux, cours d'eau factices, créés par la main des hommes pour les besoins du commerce et de l'industrie.

Les eaux stagnantes sont des lacs, des étangs, des marais, des tourbières.

Il faut y ajouter les inondations qui diffèrent des marais en ce qu'elles ne sont généralement qu'éventuelles, peu profondes et souvent artificielles.

Telles sont les différentes formes sous lesquelles se présentent les eaux à la surface de la terre. Nous allons les examiner successivement et voir les détails de leur reconnaissance.

Des sources.— On peut avoir à reconnaître une source quand celle-ci est destinée à fournir de l'eau à un camp ou à un bivouac.

Il y a alors deux choses principales à examiner :

1° La nature des eaux ;
2° Leur volume.

La nature ou la qualité des eaux se reconnaît par une analyse sommaire. Leur volume par un jaugeage que l'on fait également au moyen des procédés les plus expéditifs.

On doit indiquer encore dans la reconnaissance d'une source, sa position par rapport à l'emplacement des troupes, la nature de ses abords et les travaux que l'on peut avoir à y exécuter.

Des ruisseaux. — Les ruisseaux sont de petites rivières. Ils proviennent généralement d'une ou plusieurs sources. Ils se grossissent des eaux de pluie.

Ils jouent un rôle dans les opérations militaires. Ils servent d'obstacles, et les hauteurs de droite et de gauche qui forment leurs vallées contribuent à rendre plus fortes les positions qu'ils défendent. Dans la reconnaissance d'un ruisseau, on indique sa direction, sa largeur, sa profondeur, sa vitesse, la nature de ses bords, la largeur de son bassin, les affluents de droite et de gauche, les points de passage qu'il présente, gués, ponts ou points favorables à l'établissement des ponts militaires.

Il faut noter encore les usines ou moulins que le ruisseau met en mouvement, ainsi que les crues auxquelles il est sujet.

On termine en examinant la nature des services qu'il peut rendre, d'après l'ensemble de l'opération que l'on doit exécuter. Par exemple, il peut servir à couvrir le front ou le flanc d'une position, d'un camp, d'un cantonnement, d'une marche, etc...

Dans le cas où les troupes doivent utiliser les eaux, il faut en reconnaître la qualité et indiquer en même temps les abreuvoirs de la cavalerie.

Des torrents — Les torrents sont les ruisseaux des pays de montagnes.

Ils sont alimentés par des sources et surtout par la fonte des neiges.

La reconnaissance des torrents porte sur les mêmes objets que celle des ruisseaux. Cependant on examine particulièrement la nature du fond sur lequel ils roulent, ainsi que les époques de leurs crues.

Ces époques sont généralement périodiques et correspondent à la fonte des neiges.

Enfin on indique le rôle qu'ils peuvent jouer dans les opérations.

Des rivières. — Les rivières sont formées par la réunion de sources et de ruisseaux fournissant un volume d'eau assez considérable.

Les fleuves sont formés par la réunion de plusieurs rivières, et l'on fait généralement remonter le nom du fleuve jusqu'à la source la plus importante.

Les détails de la reconnaissance d'une rivière ou d'un fleuve étant les mêmes, je les réunis dans un même paragraphe.

On doit indiquer :

1° Le nom du cours d'eau ;
2° Sa division en bassins ;
3° Sa direction ;
4° La nature de son lit ;
5° Sa vitesse ;
6° Son volume ;
7° Ses affluents ;
8° Les accidents de son cours : îles, moulins, usines, etc ;
9° Sa navigation ;
10° Les points de passage qu'il présente ;
11° Enfin les détails de son embouchure.

Examinons successivement ces diverses parties de la reconnaissance d'un cours d'eau.

Le premier détail à donner se rapporte au *nom* du cours d'eau.

Ce nom peut être le même depuis la source jusqu'à l'embouchure, comme pour la Seine,

Ou bien il peut être formé par la réunion des noms de plusieurs ruisseaux qui forment eux-mêmes la rivière ou le fleuve. Ainsi la *Dordogne*, formée par la réunion de la Dor et de la Dogne.

Quelquefois encore, une rivière change de nom sur plusieurs points de son cours. C'est ce qui a lieu en Afrique, où certains cours d'eau changent de nom suivant le territoire des tribus qu'ils traversent.

On indique ensuite la *division* du cours du fleuve ou de la rivière, qui présente ordinairement plusieurs bassins partiels, généralement trois :

1° Le cours supérieur ou le bassin supérieur, qui se trouve dans les parties montagneuses et vers les sources, comme le Rhin jusqu'à Bâle, le Danube jusqu'à Ulm, etc..,

2° Le cours moyen qui se trouve dans les parties de plaines, comme le Rhin de Bâle à Wesel, le Danube d'Ulm à Widdin.

3° Enfin le cours inférieur qui se trouve dans les parties basses vers l'embouchure, comme le Rhin de Wesel à la mer du Nord, le Danube de Widdin à la mer Noire.

Puis on indique la *direction* générale du cours d'eau et ses diverses inflexions.

Cette indication est importante puisque le rôle des cours d'eau dépend en grande partie de leur direction.

Perpendiculaires à la marche des armées, ils servent de lignes de défense; parallèles, ils servent comme moyens de transport et, en même temps, l'armée qui possède les moyens de passage se porte d'une rive à l'autre en se couvrant du cours d'eau suivant les circonstances.

On examine ensuite *le lit* du cours d'eau, c'est-à-dire le terrain sur lequel il coule.

Ce terrain peut être du sable, du calcaire, des rochers, etc...

Il peut présenter des hauts fonds qui amèneront des brisans, des rétrécissements comme les Portes de fer sur le Danube, des barres à l'embouchure, enfin des rapides, des chutes ou des cataractes, comme sur le Rhin, le Nil et le Niagara.

On note la pente du cours d'eau ou plutôt *sa vitesse*.

Il est difficile d'obtenir la pente exacte. C'est un travail de nivellement que ne comporte pas une reconnaissance, mais il est facile de trouver la vitesse au moyen d'une baguette lestée que l'on fait descendre dans le courant. On voit quel temps elle met à parcourir un espace déterminé. On en conclut la vitesse du cours d'eau.

La vitesse moyenne de la Seine varie de $0^{m},50$ à $0^{m},80$ par seconde.

De la vitesse du cours d'eau, on déduit *le volume* de ses eaux, en faisant une section transversale au moyen de sondages et en multipliant par la vitesse.

Ce volume est variable et l'on signale le point des basses eaux et celui des hautes eaux.

Ces points correspondent aux crues qui sont généralement périodiques et qui correspondent elles-mêmes soit aux époques de pluie, soit aux époques de chaleur amenant la fonte des neiges.

Si les troupes doivent utiliser les eaux pour les boire, on les analyse pour en reconnaître la qualité.

On signale ensuite les divers *accidents* que présente le cours de la rivière, savoir :

1° Les affluents de droite et de gauche qui viennent s'y jeter et, s'il y a lieu, on fait la reconnaissance de leurs bassins secondaires ;

2° Les *îles* qui partagent le lit de la rivière, qui le rendent moins large, et qui, par suite, sontgénéralement favorables aux passages;

3° Les *moulins* et les *usines* qui se trouvent sur ses bords et que le courant met en mouvement.

4° Les *chemins* et les *routes* qui longent la vallée, ou qui viennent aboutir aux points de passage;

5° En même temps, au fur et à mesure que l'on s'avance, on décrit l'ensemble de la vallée, la nature des berges qui forment le bassin du cours d'eau, et celle des rives entre lesquelles il coule;

6° On indique les villes, villages et lieux habités qui se trouvent à portée.

Enfin on termine la *reconnaissance d'un cours d'eau* par l'étude de sa navigation, par la description des points de passage, et par celle de son embouchure.

Les rivières sont *navigables* quand elles ont un mètre de profondeur et que la pente n'excède pas 1/500.

Elles sont flottables avec une profondeur de $0^m,65$.

On se sert du flottage pour les trains de bois, comme ceux que l'on voit à Paris venant du Morvan par la Seine et par l'Yonne.

Dans les petits cours d'eau le flottage n'a pas lieu par trains, mais à bûches perdues.

La navigation a lieu au moyen de bateaux de différentes grandeurs. Ces bateaux descendent la rivière avec le courant ; ils la remontent avec des chevaux de halage, ou avec des remorqueurs à vapeur.

Dans une reconnaissance, on doit noter avec soin le nombre et la grandeur des bateaux, la nature de leur construction, ainsi que les moyens de traction que l'on emploie.

Pour les *points de passage*, ils sont de plusieurs espèces :

Nous aurons :

1° Les ponts ;
2° Les ponts-volants ;
3° Les gués ;
4° Les points favorables à l'établissement des ponts militaires.

Pour les ponts, il y en a de différentes sortes, savoir :

Les ponts permanents en maçonnerie et à tablier fixe, comme les ponts de la Concorde, d'Iéna, de Neuilly, etc...

Les ponts à culées et piles en maçonnerie, avec tabliers en bois, comme le pont d'Asnières.

Les ponts en bois, comme le pont Morand sur le Rhône, celui de Bâle sur le Rhin.

Les ponts suspendus, comme le pont de Cubzac sur la Dordogne.

Les ponts de bateaux, comme l'ancien pont de Kehl, le pont de Cologne, etc...

Enfin les ponts à culées et piles en pierres, avec voûtes en fer.

Telles sont les principales espèces de ponts et la première chose à indiquer dans la reconnaissance de ce moyen de passage est évidemment la nature de sa construction.

On signale ensuite sa largeur, sa longueur, la disposition et la construction de ses arches relativement à la navigation, ses abords, la manière de le défendre sur l'une et sur l'autre rive, celle de s'en assurer la possession, enfin la manière de le détruire.

Après les ponts, comme moyens de passage, viennent les ponts-volants. Il y en a de deux espèces, les bacs et les trailles.

Pour les bacs, le câble est immergé. Il est attaché sur les deux rives et plonge dans l'eau. Le bac est attaché en deux points à ce câble et il se hâle d'un bord à l'autre.

Pour les trailles, le câble est tendu au-dessus de l'eau. Un second câble et une poulie servent à y attacher le bateau de transport. Au moyen d'un gouvernail, on place celui-ci à 45° dans le courant et il passe ainsi d'une rive à l'autre.

Il y a une traille de cette espèce sur le Rhin à Bâle. Grâce à la rapidité du courant, sa vitesse est remarquable.

Nous avons maintenant les gués.

Ce sont des parties du cours d'eau où le fond se relève et permet le passage.

La profondeur d'un gué ne doit pas dépasser 1 mètre pour l'infanterie, $1^m,30$ pour la cavalerie, et $0^m,80$ pour les voitures d'artillerie.

Il faut de plus pour qu'un gué soit bon, que l'accès en soit facile, que la vitesse du courant y soit modérée, que le fond soit uni et ferme.

Quand il s'agit de rechercher un gué, il faut d'abord prendre des renseignements auprès des habitants, faire suivre les deux rives et voir si des chemins avec traces de roues ne viennent pas y aboutir en se correspondant; faire entrer des cavaliers dans l'eau pour sonder avec leurs lances ou avec des perches; enfin on peut descendre le courant dans une nacelle à l'arrière de laquelle on attache une sonde de la profondeur voulue pour le gué.

Quand on a reconnu l'existence d'un gué, il faut en étudier les abords, la largeur, la direction, la qualité, etc...

Sous le rapport de la direction, les gués peuvent être perpendiculaires ou obliques au courant. Ils se trouvent de préférence dans les endroits où les rivières s'élargissent. Dans les rivières rapides, très-sinueuses et où les rives ne sont pas résistantes, on peut les chercher entre deux coudes opposés.

Sous le rapport de la qualité, la bonté d'un gué dépend de la nature de son fond. Celui-ci peut être de sable, de vase, de gravier ou de roche. Le meilleur fond est celui de gravier, quand il présente une certaine solidité.

En même temps il faut signaler les moyens à employer pour assurer le passage des troupes. Ces moyens consistent à mettre des repères sur la rive, pour indiquer la ligne à suivre; à planter des piquets de distance en distance le long du gué, et à les réunir par une corde pour servir de garde-fou; à recommander aux hommes de fixer la rive où ils doivent aborder, et non pas l'eau qui pourrait les entraîner; enfin à placer de la cavalerie au-dessus du gué pour rompre le courant et au-dessous pour rattraper les hommes qui viendraient à être entraînés, etc.

Il faut indiquer encore les moyens de rompre le gué, si on en voulait interdire l'usage à l'ennemi.

Pour cela, on peut creuser un fossé dans la largeur du gué, ou des trous en quinconce. On peut barrer le gué avec des pieux assez serrés et à fleur d'eau. On peut l'embarrasser avec des herses de laboureurs dont on place les chevilles en-dessus, ou bien avec des planches garnies de gros clous. On peut y jeter des chausse-trapes et enfin y placer des arbres entiers avec leur tête tournée vers l'ennemi et reliés les uns aux autres.

Si, dans une reconnaissance, on trouve un gué

rompu, on indique les moyens de le réparer en enlevant les divers obstacles dont je viens de parler, en comblant les trous, en jetant des fascines par-dessus les herses et les chausse-trapes, etc...

Enfin il reste encore à étudier les points favorables à l'établissement des ponts militaires.

Ces points doivent remplir les conditions suivantes :

1° La forme de la rivière doit présenter un rentrant, de manière à pouvoir faire converger les feux de l'artillerie sur le débouché du pont, comme à Dietikon, comme à Essling.

2° La rive occupée doit dominer la rive ennemie, de manière à donner un commandement favorable, comme à Stein, en 1800, au passage du Rhin par Lecourbe.

3° Les rives doivent être assez douces pour permettre l'embarquement et le débarquement, dans les barques légères qui transportent continuellement des troupes dans un passage de rivière.

4° Il doit y avoir à proximité les uns des autres plusieurs points de passage favorables, afin de pouvoir donner le change à l'ennemi.

5° Le point choisi doit être à portée de bonnes routes, pour faire arriver le matériel et les troupes.

6° Il doit y avoir des affluents sur la rive amie pour mettre les bateaux à l'eau et préparer des parties de pont. Ces affluents doivent être au-dessus du point de passage. Et s'il y en a du côté de l'ennemi, ils doivent être au-dessous du même point, afin que le pont soit à l'abri des corps flottants.

7° Enfin la rivière doit présenter une ou deux îles qui diminuent sa largeur et par suite les difficultés de l'opération ; une île peut alors servir de place d'armes, de point de refuge, de lieu de dépôt, comme l'île de Lobau, en 1809.

Il est rare que l'on trouve un point qui réunisse toutes ces conditions; mais on choisit celui qui en réunit le plus grand nombre et l'on tâche de suppléer à celles qui manquent.

On termine la reconnaissance d'un cours d'eau, en parlant de son *embouchure*.

Les rivières se jettent dans les fleuves; les fleuves se jettent dans la mer. Quelquefois ces embouchures ne présentent pas d'accidents remarquables; mais souvent ils en présentent qu'il est bon de signaler. Ce sont des *deltas*, comme aux embouchures du Nil, du Rhône, du Rhin, etc.; des *bancs*, comme à l'embouchure de la Liane devant Boulogne; des *barres d'eau*, comme sur l'Adour et sur la Seine, etc.

Tels sont les différents détails à donner dans la reconnaissance d'une rivière ou d'un fleuve.

Je citerai, comme exemple, la reconnaissance du bassin du Danube, dans le Mémorial du dépôt, par le général Guilleminot, reconnaissance générale qui s'applique à une vaste surface de terrain, mais qui, pour la reconnaissance particulière du cours d'eau, présente les divers détails que je viens d'indiquer.

Des canaux. — Après les fleuves et les rivières, nous trouvons encore, comme eaux courantes, les canaux.

Les canaux peuvent servir de lignes de défense ou de lignes d'approvisionnement.

Il y a deux espèces de canaux :

Les canaux latéraux;
Les canaux à points de partage.

Le cours de fortification donne les détails de leur tracé, de leur construction, et tout ce qui est relatif à leur largeur, à leur profondeur, leur volume d'eau, etc.

Il donne également les détails des écluses et leurs manœuvres.

La reconnaissance d'un canal portera sur ces différents points.

On indiquera ensuite son profil et l'on examinera ses propriétés défensives.

On étudiera les emplacements des écluses, ainsi que les moyens de les protéger ou de les détruire.

Si les canaux servent à irriguer les terrains environnants, on examinera le moyen de les saigner ou de les détourner par des prises d'eau.

Enfin, l'on s'occupera de la navigation, en indiquant la forme des bateaux employés, leurs dimensions, le nombre que l'on pourrait en réunir et les moyens de traction en usage.

Passons à la reconnaissance des eaux stagnantes.

Des eaux stagnantes. — Les eaux stagnantes sont des lacs, des marais ou étangs, des tourbières et des inondations.

Des lacs. — Les lacs peuvent faire partie de lignes de défenses, comme celui de Zurich, comme celui des Quatre-Cantons, dans la campagne de 1799, en Suisse.

Ils servent encore de moyens de communication, comme les deux lacs cités ci-dessus, comme le lac de Genève, en 1800.

Dans la reconnaissance d'un lac, on indiquera sa forme, ses dimensions, la nature de ses eaux, la conformation de ses rives, les villes et villages situés à portée, les routes et chemins qui les relient, enfin les moyens de navigation et de transport que l'on y trouve

Des marais. — Les marais sont des eaux stagnantes qui présentent moins de profondeur que les lacs.

Généralement, ils reposent sur un terrain vaseux ; ils sont couverts d'herbes ; à certaines époques de l'année, les eaux baissent et quelques parties restent à sec.

Les étangs sont généralement des marais artificiels.

Il faut tenir compte de la présence des marais de deux manières. Au point de vue des opérations et au point de vue sanitaire.

Au point de vue des opérations, les marais peuvent faire partie d'une ligne de défense ou appuyer une position d'armée.

En 1814, les marais de Saint-Gond, avec les deux forêts d'Étoges et de la Traconne, forment une ligne de défense qui couvre le mouvement de l'Empereur de Nogent sur Champ-Aubert.

En 1811, à Fuentès-de-Onoro, un marais couvre l'aile droite de l'armée anglaise.

Dans la reconnaissance d'un marais, on donne à peu près les mêmes détails que pour un lac. On indique particulièrement la cause qui le produit, la nature du terrain sur lequel il est situé, et enfin s'il est praticable à certaines époques.

Au point de vue sanitaire, on recherche s'il n'est pas malsain à certains moments, quelle est la nature des maladies qu'il produit, etc.

Des tourbières. — Ce sont des prairies marécageuses qui présentent des amas de tourbe. Il y en a beaucoup sur les bords de la Somme et de la Lys, et ces deux cours d'eau en tirent une grande force. On indique dans une reconnaissance leur forme et leur étendue.

Des inondations. — Elles sont naturelles ou factices. En tous cas, on indique leur cause, la nature du terrain sur lequel elles reposent, les écluses qui les retiennent et la manière de les détruire, ou bien les moyens de les saigner pour en produire l'écoulement.

Une inondation peut servir de ligne de défense, comme celle de la Seille à Marsal, entre Metz et Bitche.

Tels sont les détails relatifs à la reconnaisance des eaux à la surface de la terre.

Pour rendre cette étude complète, il faut y joindre encore les détails suivants relatifs aux côtes maritimes.

On indique leur nature : dunes, sables, falaises ou rochers.

Puis les anses et les ports, les caps et les promontoires sur lesquels on peut établir des batteries pour protéger le cabotage, le moment des marées, les points favorables aux descentes, enfin l'ensemble du système de défense de la côte.

II.

Reconnaissance des positions militaires. — J'ai déjà dit qu'on entendait par position militaire une surface de terrain présentant à l'armée qui s'y établit les moyens d'y combattre avec avantage.

L'occupation des positions et par suite leur reconnaissance sont des opérations fréquentes à la guerre.

Un officier chargé de reconnaître une position doit l'examiner sous trois points de vue.

1° Au point de vue stratégique, pour savoir si elle atteint bien le but pour lequel on l'occupe.

2° Au point de vue tactique, pour savoir si elle est bien en rapport avec la force et l'organisation de l'armée qui doit s'y établir.

3° Enfin, au point de vue topographique, pour connaître sa forme, ses accidents et le parti que l'on peut en tirer.

Sous ce dernier point de vue, on examine successivement les différentes parties de la position :

1° Le front, qui doit être appuyé par des points forts et dont l'étendue doit être en rapport avec l'effectif de l'armée.

2° Les flancs, qui doivent être couverts par des obstacles.

3° L'intérieur, qui sera praticable à toutes les armes et présentera une profondeur suffisante ainsi que des abris.

4° Les abords, qui seront découverts pour ne pas gêner les feux de la défense, mais qui cependant présenteront des obstacles inertes, fossés, marais, canaux, pour arrêter l'ennemi et pour le retenir sous les coups des défenseurs.

5° Les derrières, qui doivent être disposés de manière à favoriser le mouvement de retraite, quand celui-ci deviendra nécessaire.

L'officier chargé de reconnaître une position examinera donc les diverses parties que je viens d'énumérer.

Pour bien juger de l'ensemble de la position, après l'avoir parcourue en détail, il devra se porter sur le terrain destiné à l'ennemi de manière à se placer à son point de vue. Il verra ainsi la manière dont la position se présente à l'assaillant et il pourra préjuger ses manœuvres et ses attaques.

Enfin, il faut indiquer si la position est dominée à portée de canon, ce qui la rendrait intenable, puis quels sont les endroits à portée des troupes, où l'on trouvera de l'eau et du bois ; quels sont les travaux de fortification qui pourraient être nécessaires pour renforcer certaines parties ou corriger certains défauts de la position, etc.

Je joins à la reconnaissance des positions les reconnaissances précédant l'établissement des avant-postes.

Ces reconnaissances sont faites par les généraux de brigade ou par les commandants de détachements.

Le général de brigade se porte en avant avec les colonels ou lieutenants-colonels de sa brigade, accompagnés chacun d'un adjudant-major ou d'un adjudant.

Il cherche et détermine les emplacements de ses grand'gardes. Celles-ci doivent être placées de telle manière qu'elles puissent voir au loin, surveiller l'ennemi et l'arrêter pendant un moment.

Les points les plus avantageux seront donc à cheval sur les débouchés qui conduisent à la position, ou très-près de ces débouchés. Ils domineront les lieux environnants et offriront des abris pour les défenseurs.

Quand le terrain présente, sur le point choisi, un obstacle, par exemple un bouquet de bois, l'infanterie se place en avant, la cavalerie en arrière, parce que l'obstacle permet à l'infanterie de rétrograder en combattant et qu'il donne à la cavalerie le temps de se mettre en défense.

En même temps, le général de brigade cherche sur le terrain qu'il parcourt et à demi-distance entre la position et les grand'gardes quelques points intermédiaires pouvant servir de postes de soutien. S'il en trouve, il les fait occuper et fortifier de manière qu'ils couvrent la position, qu'ils puissent recueillir les avant-postes et retarder les attaques de l'ennemi.

Tels sont les principes généraux des reconnaissances précédant l'établissement des avant-postes.

Ainsi que je l'ai dit précédemment, quand les grand'gardes sont établies, leurs commandants reconnaissent à leur tour les environs et déterminent les emplacements des petits postes et des sentinelles ou vedettes.

VINGTIÈME LEÇON.

Reconnaissance des lieux habités.—Châteaux, moulins, fermes, maisons isolées, villages, bourgs et villes.

Reconnaissance des bois. — Manière de les occuper.— Moyens d'en déloger l'ennemi.

Des reconnaissances statistiques.

Des espions.—Des prisonniers.—Des cartes, etc.

Conclusion de la première partie.

I.

Les habitations des hommes peuvent être isolées, comme le sont généralement les fermes, les moulins, les châteaux, etc.

Elles peuvent être groupées en petit nombre, comme dans les hameaux et les villages.

Elles peuvent être rassemblées en nombre plus considérable, comme dans les bourgs et les petites villes.

Enfin elles peuvent être agglomérées en grandes masses, comme dans les capitales et les villes de premier ordre.

Par suite la reconnaissance des habitations et des centres de population se divisera en quatre parties, suivant l'importance et la nature du lieu reconnu.

La 1re partie comprendra la reconnaissance des habitations isolées.

La 2e partie, celle des villages et des hameaux.

La 3e, celle des bourgs et des petites villes.

Enfin la 4e, celle des grandes villes.

Reconnaissance des habitations isolées.—Les habitations isolées sont des fermes, des châteaux, des moulins, des usines, etc.

Ces habitations joueront un certain rôle dans les opérations, rôle que j'indiquerai dans le cours de 2e année. Et par suite, il y aura souvent lieu de les reconnaître.

La reconnaissance de ces points peut avoir lieu dans deux buts différents :

1° Dans le but de les occuper et de les défendre.

2° Dans le but de les attaquer.

Dans le premier cas, il faut donner les indications suivantes :

1° L'emplacement de la ferme, du moulin ou du château est-il en rapport avec le but que l'on se propose ?

2° A-t-il un certain commandement sur le terrain qui l'environne ?

3° Trouve-t-on sur les lieux les matériaux nécessaires pour l'exécution des travaux de défense ?

4° Les abords sont-ils découverts ? La retraite est-elle facile ?

5° L'étendue du poste est-elle en rapport avec le nombre d'hommes que l'on doit y mettre ?

6° Les murs sont-ils bons ? Peut-on y percer des créneaux ? Présentent-ils des flanquements ?

7° Quelle est la forme générale des bâtiments ? Comment sont-ils couverts ? Quelle est leur nature ? Sont-ils en pisé, en briques ou en pierres, etc. ?

Les bâtiments en briques sont les meilleurs pour la défense. Le canon les troue sans les ébranler et sans presque produire d'éclats.

Voilà les principales indications à donner dans le cas où l'on reconnaît un poste pour l'occuper.

Dans le cas où la reconnaissance précède une attaque, on s'efforce de distinguer le véritable point d'attaque, ainsi que la route qui doit y conduire. On donne en même temps toutes les indications que l'on peut obtenir sur le site du poste, sur sa construction, sa distribution, son intérieur, ses abords et la force de sa garnison.

Reconnaissance des villages et des hameaux.—Ils se trouvent en grand nombre sur les théâtres d'opérations et sur les champs de bataille. Ils y jouent un rôle important.

Les principaux détails de la reconnaissance d'un village sont les suivants :

1° On examine d'abord sa forme.

Les villages affectent quatre formes principales :

Leurs maisons sont éparses, séparées par de grands intervalles ;

Ou bien elles s'allongent à droite et à gauche d'une grande route.

Ces deux premières formes ne sont pas favorables à la défense.

Les rues peuvent venir aboutir à un centre commun, place ou marché, et toutes les maisons sont alors groupées autour de ce centre, affectant une forme à peu près circulaire.

Enfin il y a une rue principale qui sépare le village en deux parties et un certain nombre de rues secondaires qui viennent s'embrancher à la première, à droite et à gauche et à angle droit. L'ensemble du village affecte une forme à peu près rectangulaire.

Dans ces deux derniers cas, les villages sont véritablement propres à la défense et forment des obstacles avantageux.

Telles sont les formes principales que présentent les villages, et l'on indique tout d'abord celle du village que l'on reconnait.

2° On étudie ensuite ses abords et ses relations avec le terrain environnant. On indique les routes par lesquelles arrivera l'ennemi, les débouchés que suivront ses colonnes d'attaque, les points où il pourra établir ses batteries, les bois et les haies qui pourraient favoriser ses mouvements. Enfin on examinera le terrain en arrière, c'est-à-dire celui sur lequel doit s'effectuer la retraite.

3° On reconnaît l'intérieur du village et la nature des constructions. Les maisons peuvent être en terre, en pisé, en torchis, en bois, en briques, en moellons, ou en pierres de taille. Elle peuvent être couvertes en paille, en bois, en tuiles, en ardoises ou en zinc.

Les villages qui peuvent être incendiés ne doivent pas être défendus. Quelquefois même il est bon de les détruire d'avance, comme les Russes ont fait pour celui de Semenoffskoë, à la Moscowa.

4° On examine ensuite la direction des différentes rues qui forment entre elles des îles de maisons.

5° Puis on étudie l'organisation d'une enceinte continue, composée de maisons reliées entre elles par des murs, des haies bordées de fossés et autres obstacles. On indique les travaux à faire pour compléter cette enceinte, qui peut être interrompue sur quelques points, interruptions auxquelles il faut suppléer. Autant que possible, dans l'établissement de cette enceinte, on s'attache à obtenir des feux de flanc.

6° Enfin on cherche une place pour y disposer ses

réserves et, à côté, un grand bâtiment, grange, manufacture, auberge, église, mairie, etc., dont on puisse faire un réduit et où se passera le dernier acte de la défense.

Voilà les préoccupations principales d'une reconnaissance précédant l'occupation d'un village.

Si la reconnaissance a pour but l'attaque du village au lieu de la défense, on s'attache alors à déterminer les points d'attaque les plus favorables, et, autant qu'on a pu s'en approcher, on donne les mêmes renseignements que précédemment sur la forme, la nature des constructions, le tracé de l'enceinte, etc.

Dans la défense d'un village, on divise ordinairement les troupes en quatre parties :

La 1re, du 1/3 de l'effectif, garnit l'enceinte, formant une chaîne de tirailleurs que l'on renforce sur les points importants.

La 2e partie, du 1/4 environ, forme, en arrière de la première, des pelotons de soutien et des réserves partielles.

La 3e partie forme la réserve générale, aussi du 1/4 environ.

Enfin la 4e partie, à peu près le 1/6, forme la garnison du réduit.

Pour l'attaque, on a généralement une grande supériorité de force. On éteint alors avec ses batteries le feu de l'artillerie ennemie, on cherche à faire brèche à l'enceinte, on menace en même temps les derrières du village, puis on lance ses colonnes. Sur chaque point, il y en a ordinairement trois : une colonne d'attaque, une colonne de soutien et une colonne de réserve.

Reconnaissance des bourgs et des petites villes. — Les bourgs et les petites villes sont des centres de population plus considérables que les villages. Ils ont plusieurs milliers d'habitants. Ils jouent dans les opérations un rôle important, comme nous le verrons dans le cours de 2e année. On les fortifie, on leur donne une garnison, et ils suppléent aux places fortes. Avant de les occuper, il faut évidemment les reconnaître.

On examine alors leurs relations avec le théâtre d'opérations; puis leur forme, la nature de leurs constructions, leur population, leur commerce, les ressources qu'ils présentent, les établissements publics, églises, théâtres, mairies, etc., que l'on pourrait transformer en hôpitaux ou en magasins.

Enfin on étudie la manière d'en organiser la défense. On rencontre quelquefois des circonstances favorables, telles que : un mail qui fait le tour de la ville, un fossé, un mur du moyen âge, qui facilitent la construction d'une enceinte continue.

Le terrain des approches est traité comme celui qui environne les places fortes. On le nettoie en abattant les maisons, les bois et tout ce qui pourrait servir d'abri à l'ennemi.

Quelquefois on rencontre des faubourgs qui s'allongent le long des grandes routes. Il faut en tenir compte, et on peut organiser leur défense, indépendamment de celle du poste. Quand ces faubourgs ne sont pas trop considérables et qu'ils se lient à la ville par une large base, on les enveloppe dans l'enceinte.

Celle-ci doit présenter des flanquements et une hauteur de 7 à 8 mèt. pour être à l'abri de l'escalade.

Les points importants de cette enceinte sont les portes. Quand elles existent d'avance, elles sont faciles à défendre. Quand elles n'existent pas, il faut y diminuer la largeur des issues et les couvrir d'un petit retranchement.

Dans l'intérieur du poste, on reconnaît les points favorables à la défense et particulièrement le réduit qui doit se trouver en tête de la ligne de retraite.

Tels sont les détails principaux que l'on doit donner dans la reconnaissance des bourgs et des petites villes.

Reconnaissance des grandes villes. — Pour les grandes villes, on indique toujours, comme précédemment, leur forme générale, leur situation, la nature de leurs constructions, leurs principaux édifices, leur population, les ressources de toute espèce que l'on peut en tirer, etc.

On indique encore le rôle qu'elles peuvent jouer dans les opérations et les travaux à exécuter pour les mettre en état de défense.

Enfin l'on donne les mêmes détails que dans les reconnaissances précédentes.

Je ne parle ici ni des places fortes ni des forts.

Le cours de fortification présente à ce sujet tous les détails nécessaires. De plus, parmi leurs travaux d'application, les élèves font le plan d'une place forte et établissent un rapport sur cette place. Ils trouvent évidemment dans ce travail l'indication de tous les détails à donner dans la reconnaissance d'un obstacle de cette nature.

II.

Reconnaissance des bois. — Les bois sont importants en stratégie et en tactique. J'indiquerai, dans la 2e partie du Cours, le rôle qu'ils jouent sous ce double rapport.

Il y a souvent lieu de les reconnaître.

La reconnaissance d'un bois porte sur les objets suivants :

1° Sur ses relations avec le théâtre d'opérations, ou avec le champ de bataille, et par suite sur le rôle qu'il peut jouer dans l'un ou dans l'autre cas ;

2° Sur son étendue ;

3° Sur son épaisseur ;

4° Sur les chemins qui le traversent ;

5° Sur la nature de ses lisières ;

6° Sur les formes du terrain qu'il occupe ;

7° Sur les clairières qu'il présente ;

8° Sur sa nature.

Sous le rapport de leur nature, les bois peuvent être des taillis ou des futaies.

Les taillis sont des bois qu'on ne laisse élever que jusqu'à une certaine hauteur et que l'on coupe à intervalles *réglés* en ne laissant qu'une souche. Ces intervalles ne sont pas les mêmes pour les différentes espèces de bois. Ils sont d'autant plus courts que les essences sont plus légères. Généralement ils sont de huit ou neuf ans pour les premières espèces, de douze ans pour les autres. De dix-huit et de vingt ans pour les essences les plus dures.

Les futaies sont des bois dans lesquels on laisse les arbres se développer et dont on coupe un certain nombre, au fur et à mesure qu'ils grandissent, pour donner de l'air aux autres.

La première coupe se fait généralement au bout de neuf ans. S'il y a, par exemple, 100 arbres par hectare, on en coupe le 1/4, le 1/3 ou la moitié.

Au bout de neuf autres années, on fait une nouvelle coupe dans des proportions analogues, et ainsi de suite jusqu'à ce que l'on n'ait plus que vingt ou vingt-cinq arbres, auxquels on laisse prendre tout leur développement. Si ce sont des chênes, on les laisse jusqu'à deux cents ans.

Les taillis sont généralement peu élevés, épais et difficiles à pénétrer.

Les futaies sont au contraire hautes et facilement pénétrables.

On termine la reconnaissance d'un bois en indiquant la manière de le défendre ou de l'attaquer.

Les bois se défendent ordinairement avec des tirailleurs d'infanterie que l'on dispose le long de la lisière et dans les endroits les plus touffus.

On soutient cette ligne de tirailleurs par des réserves partielles, correspondant aux fractions principales et placées sur les communications, dans les clairières, sur les chemins d'exploitation, enfin dans les endroits les plus favorables. Une réserve générale est placée plus en arrière encore et en tête de la ligne de retraite.

Si on a de la cavalerie, on la fait agir en dehors du bois et on l'emploie à menacer les flancs des colonnes de l'ennemi.

Pour l'attaque, on a généralement une supériorité numérique qui compense les désavantages de la position.

On enveloppe les saillants d'une grande quantité de tirailleurs, qui se couvrent de tous les accidents du terrain.

On fait de fausses attaques, afin de détourner l'attention de l'ennemi. On soutient les tirailleurs par de petites colonnes peu éloignées, marchant à une certaine distance les unes des autres, se tenant prêtes à soutenir les parties de la ligne qui seraient ramenées.

On a ensuite, en 3e ligne, des réserves plus considérables qui donnent le coup de collier.

L'artillerie éteint les feux de l'ennemi et abat les clôtures.

La cavalerie menace les flancs et les derrières de l'ennemi.

L'attaque d'un bois est toujours une opération délicate. Et quand ce bois n'a pas une trop grande étendue, il vaut toujours mieux chercher à le tourner que de l'attaquer de front.

Nous avons terminé tout ce qui est relatif aux reconnaissances spéciales topographiques ayant pour objet un des accidents particuliers que présente le terrain : route, cours d'eau, village, bois, etc.

Pour quelques-uns de ces obstacles, j'ai indiqué les principes généraux qui président à leur attaque ou à leur défense, parce que la connaissance de ces principes peut être très-utile dans leur reconnaissance.

Les reconnaissances topographiques générales, embrassant une vaste surface de terrain, par exemple un champ de bataille, une frontière, un théâtre d'opérations, ne sont autre chose que la réunion d'un certain nombre de reconnaissances particulières, s'appliquant aux voies de communication, aux cours d'eau, aux lieux habités, etc., de la surface reconnue.

Il y a lieu alors de présenter ces différents objets d'une manière méthodique.

Les principes des reconnaissances générales sont évidemment les mêmes que ceux dont nous venons de nous occuper précédemment.

Nous avons donc terminé tout ce qui se rattache aux reconnaissances topographiques.

III.

Reconnaissances statistiques.—Nous avons ensuite les reconnaissances statistiques.

La statistique a pour objet principal de faire connaître :

1° La division d'un territoire ;
2° Son mode d'administration ;
3° Sa population ;
4° Ses produits ;
5° Ses revenus ;
6° Ses forces militaires de terre et de mer, etc.

La statistique s'exprime généralement par des chiffres que l'on groupe dans des tableaux de forme différente.

Par exemple, l'agenda d'état-major présente un tableau statistique destiné à faire connaître les ressources que présente un bourg ou un village. Ce sera par des tableaux analogues que l'on fera connaître les divers objets des reconnaissances statistiques.

La première condition que doivent remplir ces reconnaissances est évidemment l'exactitude.

Le plus souvent, elles ont pour objet le logement et les vivres. Dans ce cas, pour être exact, l'officier chargé d'une reconnaissance statistique doit visiter lui-même les maisons et les écuries, et s'assurer de leur contenance ainsi que de leur état. Il doit chercher un endroit pour le magasin à fourrages, un autre pour la forge, un troisième pour l'abreuvoir, etc.

Quant aux vivres, on apprécie les approvisionnements visibles, on recherche ceux qui peuvent être cachés. On se procure les mercuriales des marchés pour connaître la valeur des denrées.

Enfin on prend des renseignements auprès des habitants et des autorités, renseignements que l'on vérifie, autant que possible. Voilà les principes généraux des reconnaissances statistiques.

IV.

Nous avons terminé ce qui est relatif aux reconnaissances.

Elles servent, comme je l'ai dit, à fournir des renseignements militaires, sur le terrain et sur l'ennemi, soit aux généraux, soit aux gouvernements.

Mais, indépendamment des reconnaissances, il y a encore d'autres moyens pour obtenir ces renseignements. Ce sont les espions, les déserteurs, les prisonniers, les guides et les cartes.

L'application et l'emploi de ces moyens rentrent dans la spécialité des officiers d'état-major.

Dans l'armée anglaise en Espagne, le duc de Wellington avait créé une classe d'officiers qu'il appelait *officiers de renseignements*. C'était une subdivision de son état-major.

Il y a donc lieu de dire quelques mots sur les divecs moyens que je viens de signaler : examinons-les successivement.

Des espions.—Les espions sont indispensables en campagne ; on s'en sert, tout en les méprisant. On en trouve ans toutes les classes de la société, mais surtout parmi les colporteurs, les braconniers et les contrebandiers. Il faut les bien payer pour être bien servi. Souvent les espions sont doubles et servent les deux partis. Ils sont alors dangereux ; mais si on s'aperçoit de leur double rôle, ils peuvent être fort utiles pour tromper l'ennemi.

En tout cas, l'espionnage est organisé par l'état-major. C'est lui qui reçoit les rapports des espions et qui les confronte avec les renseignements déjà recueillis, afin de les vérifier, autant qu'il est possible.

En 1800, à l'armée d'Allemagne, l'adjudant général Claparède était chargé de ce service et du registre des renseignements secrets.

Des déserteurs. — Les déserteurs sont amenés au quartier général et interrogés. Ordinairement, on leur pose une série de questions relatives à l'emplacement et aux forces de l'ennemi. On doit se méfier de leurs réponses et chercher à les vérifier.

Des prisonniers.— On les interroge également, mais on n'ajoute pas une foi complète à leurs réponses. D'abord le soldat et l'officier subalterne ne connaissent que ce qui se passe autour d'eux, dans un rayon peu étendu. De plus, on peut supposer qu'ils chercheront à cacher la vérité.

Des guides. — On prend des guides pour accompagner les colonnes. Ce sont généralement des gardes forestiers, des gardes-chasse, des bergers, des bûcherons, des contrebandiers, etc... On les paie bien afin de s'assurer de leur fidélité ; mais en même temps si l'on se défie d'eux, on les menace de mort. On les fait alors marcher entre deux hommes chargés de leur brûler la cervelle en cas de trahison. Quand les guides sont à pied, on les attache ; quand ils sont à cheval, on leur donne une mauvaise monture.

Généralement c'est encore l'état-major qui cherche et qui interroge les guides.

Des cartes.—C'est l'état-major enfin qui est chargé de la conservation et de la vérification des cartes, tant de celles que l'on possède que de celles dont on s'empare.

Il y a deux espèces de cartes :

1° Les cartes générales dont on se sert pour les opérations stratégiques, donnant l'ensemble d'un théâtre d'opérations et dont l'échelle varie du $\frac{1}{80.000}$ au $\frac{1}{800.000}$.

2° Les cartes particulières ou plans topographiques dont on se sert pour les opérations tactiques, donnant l'ensemble d'un champ de bataille, d'un cantonnement, d'une place, etc... dont l'échelle varie du $\frac{1}{1000}$ au $\frac{1}{40.000}$.

La beauté d'exécution d'une carte répond généralement de son exactitude. Néanmoins avant d'y ajouter une confiance entière, il faut la vérifier.

Les cartes ont une grande importance en campagne.

C'est sur sa carte que le général en chef réunit les divers renseignements fournis par son état-major ; qu'il établit la position de ses corps d'armée et de ceux de l'ennemi, et qu'il étudie les diverses combinaisons à exécuter.

« Napoléon, dit M. de Chambray, avait toujours avec « lui la carte du pays où il faisait la guerre. Il en avait « une dans sa voiture. Un officier de son état-major en « portait une autre quand il était à cheval. Il en faisait « étendre une dans son logement, sur une table ou sur « le plancher.

« Il indiquait sur cette carte l'emplacement de ses « divisions et la position présumée des divisions de « l'armée ennemie, au moyen d'épingles, dont la tête « était enveloppée de cire de différente couleur, etc. »

V.

Conclusion du cours de 1re année.— Nous avons terminé le cours de 1re année.

Je résume rapidement ce que nous y avons vu.

Le cours a été divisé en trois parties ou en trois livres.

Dans le premier livre, nous nous sommes occupés des principes sur lesquels reposent les systèmes militaires modernes, et nous avons vu ensuite comme application, les institutions militaires des principales puissances de l'Europe.

Dans le livre II, nous avons vu la tactique des différentes armes et les principes d'organisation des armées actives, fractions des armées permanentes que l'on en détache pour faire la guerre.

Enfin, dans le livre III, nous venons d'étudier les petites opérations et les reconnaissances, en considérant les unes les autres comme appartenant à l'instruction militaire des armées.

En résumé la première année du cours a été consacrée, comme je l'avais annoncé, à l'étude de la création d'une armée et à sa préparation pour entrer en campagne.

Cette première partie correspond à la première partie du précis historique d'une campagne, ce que l'on peut appeler les préliminaires de la campagne, comprenant :

1° L'indication des causes de la guerre ;

2° L'examen comparatif des ressources et moyens de guerre des puissances belligérantes ;

3° Enfin les détails d'organisation des armées qui vont entrer en opérations.

Terminons le cours de 1re année en jetant un coup d'œil sur les principales conditions que doit remplir une armée active sur le point d'entrer en campagne, et en même temps sur celles que doit remplir le général qui la commande :

L'armée doit remplir les conditions suivantes :

1° Son recrutement aura été tel que l'on trouvera dans ses rangs un certain nombre de vieux soldats ayant déjà l'expérience de la guerre et en même temps des jeunes gens faits, vigoureux, ayant la force physique et l'ardeur qui sont l'apanage de la jeunesse.

2° L'armement et le matériel seront en bon état et à la hauteur des perfectionnements modernes.

3° La discipline reposera sur des bases solides et sera appropriée au caractère des soldats.

4° L'instruction des troupes sera complète. Sur le champ de bataille, elles présenteront à la fois de la solidité et de la mobilité, elles exécuteront bien les feux, elles manœuvreront avec rapidité, fermeté, précision ; elles seront rompues à la marche; elles sauront camper, s'éclairer, se garder, s'approvisionner, etc...

5° Il y aura dans les grandes unités, divisions et corps d'armée, un esprit de corps analogue à celui des régiments.

6° Les cadres en général seront bien composés ainsi que les divers états-majors.

7° L'administration sera en état de pourvoir à tous les besoins des troupes.

8° Le chiffre de l'armée, son organisation, sa composition seront bien en rapport avec la nature de la guerre et du terrain.

9° Enfin, sous le rapport moral, cette armée sera animée à la fois de constance, de résolution et d'enthousiasme ; elle aura en même temps du fonds et du feu.

Tel est le type d'une bonne armée.

Telle était celle du camp de Boulogne.

Après le tableau de l'armée, voici le portrait du général qui la commande. J'en emprunte les traits principaux à celui que l'abbé Raynal trace de Maurice de Nassau.

« Un général, dit-il, doit posséder l'art des marches « et des campements comme Montecuculli ;

« Celui de fortifier les places et de les rendre inex- « pugnables comme Vauban ;

« Celui de faire subsister de nombreuses armées « dans des pays stériles et ruinés, comme le prince « Eugène ;

« Celui de savoir dans l'occasion enflammer le cou- « rage du soldat et en tirer plus qu'on a droit d'en at- « tendre, comme Vendôme.

« Il possédera le coup d'œil qui décide du succès des « batailles comme Condé.

« Le moyen de rendre les troupes insensibles à la « faim, au froid et à la fatigue, comme Charles XII.

« Le secret de ménager la vie des hommes, comme « Turenne. »

J'ajouterai à ce portrait tracé par l'abbé Raynal, qu'un général doit posséder encore le coup d'œil stratégique de Napoléon, sa résolution et son intelligence des hommes et des choses.

J'ajouterai enfin avec le duc de Rohan, qu'un général doit être heureux, ou du moins qu'il passe pour l'être. Cela donne une grande confiance aux troupes. Au début d'une campagne, un engagement d'avant-garde, habilement conduit, suffit souvent pour donner cette réputation.

Voilà donc le général en chef et l'armée.

Dans le cours de seconde année, nous les verrons à l'œuvre.

FIN DE LA PREMIÈRE PARTIE.

TABLE DES MATIÈRES.

PREMIÈRE PARTIE,

OU

COURS DE PREMIÈRE ANNÉE.

LIVRE PREMIER.

INSTITUTIONS MILITAIRES DES ÉTATS.

Pages.

LIVRE II.

ÉTUDE PARTICULIÈRE DES DIFFÉRENTES ARMES ET ORGANISATION DES ARMÉES ACTIVES.

LIVRE III.

DES PETITES OPÉRATIONS DE LA GUERRE ET PARTICULIÈREMENT DES RECONNAISSANCES.

FIN DE LA TABLE DE LA PREMIÈRE PARTIE.

ERRATA DE LA PREMIÈRE PARTIE.

Page 10, ligne 16, *au lieu de* : Tous les peuples l'on senti.
lire : Tous les peuples l'ont senti.

— 14, — 21, *au lieu de* : Environ trois siècles,
lire : Environ cinq siècles.

— 36, — 20, *au lieu de* : Une quantité de bras dont elles pourraient souffrir,
lire : Une quantité de bras telle qu'elles puissent en souffrir.

— 72, — 22, *au lieu de* : Par le ministre,
lire : Par le ministre ou les généraux de division.

— 90, — 21, *au lieu de* : 1 fourrier, 1 caporal-fourrier,
lire : 1 fourrier-sergent ou caporal.

— 90, — 6, *au lieu de* : 2 aides-majors,
lire : 1 médecin-major de 2e classe et 1 aide-major.

— 95, — 16, *au lieu de* : Plus un bataillon de voltigeurs corses et les sapeurs-pompiers de Paris,
lire : Plus encore les sapeurs-pompiers de Paris.

— 102, — 10, *au lieu de* : Je crois qu'il est encore de même.
lire : Je crois qu'il en est encore de même.

— 127, — 3, *au lieu de* : 1 régiment de chasseurs du Tyrol à 8 compagnies,
lire : 1 régiment de chasseurs du Tyrol à 8 bataillons.

— 131, — 32, *au lieu de* : 0 auditeurs.
lire : 20 auditeurs.

— 157, — 10, *au lieu de* : Agés de 28 à 30 ans.
lire : Agés de 20 à 30 ans.

— 161, — 8, *au lieu de* : 8 actives et 1 de dépôt,
lire : 8 actives et 2 de dépôt.

— 236, — 8, *au lieu de* : Une compagnie de pontonniers,
lire : Un détachement de pontonniers.

— 253, — 14, *après* : 1 général de brigade, chef d'état-major,
ajoutez : 1 colonel ou lieutenant-colonel, sous-chef.

— 253, — 24, *au lieu de* : pouvoirs très-étendus,
lire : attributions très-étendues.

— 281, dernière ligne, *au lieu de* : le Passarge,
lire : la Passarge.

AVIS DE L'ÉDITEUR.

Le *Cours d'art et d'histoire militaires* aura six parties ou cahiers.

La réunion des trois premières formera le premier volume, contenant le cours de première année.

La réunion des trois dernières formera le deuxième volume, contenant le cours de deuxième année.

Les six cahiers paraîtront successivement et à des intervalles assez rapprochés.

TABLE DES MATIÈRES

CONTENUES DANS LE LIVRE PREMIER DE LA PREMIÈRE PARTIE.

PREMIÈRE PARTIE

OU

COURS DE PREMIÈRE ANNÉE

LIVRE PREMIER.

INSTITUTIONS MILITAIRES DES ÉTATS.

Paris. — Imprimerie de Cosse et J. Dumaine, rue Christine, 2.

Prix 3 fr.

COURS
D'ART ET D'HISTOIRE
MILITAIRES,

Par J. VIAL,

CAPITAINE D'ÉTAT-MAJOR,

Professeur d'Art et d'Histoire militaires à l'École impériale d'application d'état-major.

PREMIÈRE PARTIE.
LIVRE II.

PARIS,
LIBRAIRIE MILITAIRE
J. DUMAINE, LIBRAIRE-ÉDITEUR DE L'EMPEREUR,
Rue et Passage Dauphine, 30.

1861

AVIS DE L'EDITEUR.

Le Livre III de la 1re partie paraîtra prochainement. Réuni aux deux premiers, il formera le premier volume.

En reliant ce volume on observera que la page 165 doit suivre immédiatement la page 164 et que les planches du Livre II doivent être rejetées à la fin du volume.

TABLE DES MATIÈRES

CONTENUES DANS LE LIVRE II DE LA PREMIÈRE PARTIE.

PREMIÈRE PARTIE

OU

COURS DE PREMIÈRE ANNÉE.

LIVRE II.

ÉTUDE PARTICULIÈRE DES DIFFÉRENTES ARMES ET ORGANISATION DES ARMÉES ACTIVES.

Paris.—Imprimerie de Cosse et J. Dumaine, rue Christine, 2.

Prix : fr. 1,50 = les 3 parties réunies en un seul vol. — fr. 7,50

COURS D'ART ET D'HISTOIRE MILITAIRES,

PAR J. VIAL,

CAPITAINE D'ÉTAT-MAJOR,

Professeur d'Art et d'Histoire militaires à l'École impériale d'application d'état-major.

PREMIÈRE PARTIE.

LIVRE III.

PARIS,
LIBRAIRIE MILITAIRE.
J. DUMAINE, LIBRAIRE-ÉDITEUR DE L'EMPEREUR,
Rue et Passage Dauphine, 30.

1861

TABLE DES MATIÈRES

CONTENUES DANS LE LIVRE III DE LA PREMIÈRE PARTIE.

PREMIÈRE PARTIE

OU

COURS DE PREMIÈRE ANNÉE.

LIVRE III.

DES PETITES OPÉRATIONS DE LA GUERRE ET PARTICULIÈREMENT DES RECONNAISSANCES.

Paris. — Imprimerie de Cosse et J. Dumaine, rue Christine, 2.

www.ingramcontent.com/pod-product-compliance
Ingram Content Group UK Ltd.
Pitfield, Milton Keynes, MK11 3LW, UK
UKHW020337180726
13839UKWH00002B/759

9 782329 221298